基础教育改革与教师专业发展丛书

班主任工作系列

优秀班集体的建设与维护

YOUXIU BANJITI DE JIANSHE YU WEIHU

王　芳　唐和英◎主编

安徽师范大学出版社

责任编辑：童　睿
装帧设计：丁奕奕
责任印制：郭行洲

图书在版编目（CIP）数据

优秀班集体的建设与维护 / 王芳，唐和英主编. —芜湖：安徽师范大学出版社，2013.12
（基础教育改革与教师专业发展丛书）
ISBN 978-7-5676-0879-5
Ⅰ.①优… Ⅱ.①王… ②唐… Ⅲ.①中小学－班级－学校管理 Ⅳ.①G632.421

中国版本图书馆CIP数据核字(2013)第295005号

优秀班集体的建设与维护
王　芳　唐和英　主编

出版发行：安徽师范大学出版社
芜湖市九华南路189号安徽师范大学花津校区　　邮政编码：241002
网　　址：http://www.ahnupress.com/
发 行 部：0553-3883578 5910327 5910310(传真)　E-mail：asdcbsfxb@126.com
经　　销：全国新华书店
印　　刷：安徽芜湖新华印务有限责任公司
版　　次：2013年12月第1版
印　　次：2013年12月第1次印刷
规　　格：787×960　1/16
印　　张：14
字　　数：222千
书　　号：ISBN 978-7-5676-0879-5
定　　价：28.00元

基础教育改革与教师专业发展丛书编委会

内容简介

班级是现代学校制度的产物,学校教育工作大都是以班级为单位来进行的。要把班级建设成一个优秀的班集体,发挥班集体的教育作用,才能轻松而富有成效地促进其成员的发展。优秀班集体通常具有目标统一、行动协调、师生和谐、全员奋斗等特征。优秀班集体的建设与维护不是一朝一夕,而是需要长期的不懈努力,需要班主任具有相关的教育理论,掌握班集体建设的内容与方法,既要有宏观的目标规划,也要有微观的策略创新。本书的编写,不仅在班集体建设与维护理论方面有所突破,而且更注重结合生动的教育案例加以阐述,就是力求为基础教育一线班主任工作者提供可行而有效的参考。

总序

“教育改革”在当下是一个出现频率非常高的概念,这种语言现象所反映的正是教育实践的客观现实。伴随着经济全球化、信息化和网络化的迅猛发展,世界范围的教育改革正一浪高过一浪,教育改革正成为一项持续不断的教育实践活动。可以说,变革已成为当代教育的一个典型特征。

同样,改革也是我国当代基础教育领域蓬勃发展的重要驱动轴。近年来,基础教育改革正在各个层面全面展开:在课程领域,综合课程、活动课程、微型课程、模块课程等正在逐步取得与学科课程同等的地位,并对促进学生的全面发展发挥着不可替代的作用;在教学领域,诸如探究式教学、互动式教学、学生自主学习、合作学习等一系列新的教学方式和学习方式也正在逐步取代某些传统的教学方式和学习方式,被师生广泛运用于教学过程之中;在德育领域,一方面,某些陈旧落后的德育理念和模式正在为人们所摒弃,另一方面,多种新的德育理念和模式正在受到教育理论工作者和实践工作者的广泛关注并在学校德育实践中进行尝试和经受检验;在教育评价领域,传统的评价理念和范式同样日益受到人们的质疑与批判,与此同时,各种新的评价理念和范式层出不穷并被师生普遍接受和运用。

基础教育改革不仅使学校生活、师生关系和课堂面貌等发生了重要变化,也向广大教育实践工作者提出了新的更高的要求。持续不断的基础教育改革,使每一个投身于教育实践工作的人都面临着一系列无法回避的挑战。这种挑战,既意味着教育实践工作者不得不正视和思考教育改革带来的各种新的问题,同时也意味着他们在面对不断变化的教育实践情境时,必须采取适当、合理的因应与行动。

教育大计,教师为本;有好的教师,才有好的教育。这既是基础教育改革实践的强烈诉求,同时也是理性认识基础教育改革所形成的共识。好的教师,才有可能既娴熟自如地驾驭教育教学活动,最大限度地促进学生的发展,同时又能够有效地应对社会和教育发展所带来的各种新变化、新要求,成为教育改革的参与者和"弄潮儿"。好的教师由何而来呢?也许人们对这一问题有着各自不同的认识,也许不同的教师其成长的过程和方式各有差异,但可以肯定的是,好的教师既需要经受教育实践的历练,需要教育实践给予其充分展现的机会,同时,也需要接受教育理论的滋养,需要对教育教学的本质和规律性有着正确的认知和把握。

与教育实践工作者相同的是,教育理论工作者也正在面对教改所带来的诸多挑战。基础教育改革的蓬勃展开,也必然会对教育理论工作者提出如何恰当地回应教育改革、如何研究和解决教育改革中出现的各种新问题、如何引领教育改革的发展方向等诸多问题。可以说,在教育改革持续展开的背景下,教育理论工作者正面临着双重任务:一是必须及时研究和探索教育改革中不断出现的新情况、新进展,发现制约改革的各种因素和变量,揭示和分析教育改革发生发展的特点和规律;二是必须观照教育改革参与者特别是中小学教师的实践诉求,通过对教育改革实践的理论阐述,引领他们更加理性、有效地处理改革实践中所遇到的种种现实问题。

我们欣慰地看到，当前，已有很多学者对基础教育改革的一系列重要问题进行了深入的研究和探讨，从多角度、多方位提出了诸多有关教育改革的真知灼见，展示了学者们对教育改革实践的理性认识。然而，如何将这些理性认识转变为教育改革实践的理性行动，却需要做一番综合与转化工作。所谓综合，就是要对不同的理论研究成果，根据教育实践的逻辑，重新进行组合与梳理，以形成更加适合于教育实践的知识体系；所谓转化，则是要通过对知识的再加工和再创造，将原本用于精确表达思想和观念的科学话语体系，转变成实践话语体系，从而更加适合教育改革实践的需要。而本套丛书所努力达成的，就是这样的一个目标。我们期待我们所做的综合与转化的努力，能够产生切实的实践效果。

教育改革既涉及宏观层面，也涉及微观层面。仅有宏观层面的努力而缺失微观层面的配合与行动，教育改革不可能取得成功。宏观层面的教育改革主要是由政府来决定和实施，而微观层面的改革不仅需要政府的介入，更需要教育实践工作者的实际行动。我们编写这套丛书，主要的目标是指向微观层面，指向中小学教师的教育教学实践。丛书涉及当前基础教育改革和教师专业发展的诸多领域，主要针对当前基础教育改革和教师专业发展中所遇到或将要遇到的一系列问题而编写，以问题作为研究和讨论中心。我们期望通过聚焦教育改革实践中遇到的各种实际问题，借鉴中外教育改革的研究成果和成功经验，为教育实践工作者正确地认识和把握这些具体的实际问题提供指导和帮助。

本丛书主要包括教师专业发展系列、基础教育改革与学生发展系列、新课程教学探索系列、班主任工作系列、心理健康教育系列、教师专业标准系列等，读者对象主要是广大中小学教师。丛书的定位是理论与实际有机结合、介于学术著作和通俗读物之间,既注意吸收相关学科领域的最新成果,反映教育教学研究的前沿动态,又注重贴近中小学教师的工作和生活,对目前我国基础教育的实际以及教改实施与进展的状况进行分析和探讨,注重解决读者在实践中遇到的问题或困惑,努力做到科学性、前沿性、实用性的统一。丛书内容通俗易懂,深入浅出,每册书在内容上不求大而全,不求面面俱到,而是突出重点,将关注教师的需求放在第一位,尽可能为他们提供有针对性的思想和理论的引领,给他们以实践操作的启发。

我们相信本套丛书的出版,能让广大一线中小学教师获得所需的知识和有益的启示,对学校的进步、教师的发展和学生的成长发挥建设性的指导作用,为促进教育改革和教师发展增添些许动力。我们也期待着本丛书的出版,能够为师范院校相关学科的教学与研究提供更为丰富的素材,从而推动教师教育质量的不断提升。

编委会

二〇一三年一月

前　言

班级是现代学校制度的产物,学校教育工作大都是以班级为单位来进行的。有了班级,自然需要管理者——班主任。有人说:班主任是最小的主任。然而,殊不知班主任工作的好坏与否对学生成长具有深远意义。

我国《中小学班主任工作规定》明确提出:“班主任是中小学日常思想道德教育和学生管理工作的主要实施者,是中小学生健康成长的引领者,班主任要努力成为中小学生的人生导师。”可见,班主任工作任重而道远,既要关心学生的学习状况,教育学生明确学习目的,端正学习态度,掌握正确学习方法,养成良好学习习惯,增强创新意识和学习能力;又要进行有效的班级管理,保证学校各项教育工作的顺利进行;还要组织学生开展班会、团队会以及各种主题教育活动和文体活动;更要了解每个学生的身体、心理和思想状况,开展有针对性的教育,做每一位学生人生路上的引路人。可见,班主任工作因其特殊的地位和使命,越来越为人们所关注,也将越来越成为专业化的工作。

苏联教育家马卡连柯曾提出“在集体中,通过集体和为了集体进行教育”的重要思想,至今仍启示着我们:要把班级建设成一个优秀的班集体,发挥班集体的教育作用,才能轻松而富有成效地促进其成员的发展。优秀班集体通常具有目标统一、行动协调、师生和谐、全员奋斗等特征。优秀班集体的建设与维护不是一朝一夕,而是需要长期的不懈努力,需要班主任具有相关的教育理论,掌握班集体建设的内容与方法,既要有宏观的目标规划,也要有微观的策略创新。本书的编写,不仅在班集体建设与维护理论方面有所突破,而且更注重结合生动的教育案例加以阐述,就是力求为基础教育一线班主任工作者提供可行而有效的参考。

编　者

目 录

第一章　优秀班集体概述

第一节　班级与班集体

班级与班集体不是完全相同的概念。班级是现代学校教育制度的产物。作为一种教育组织，它是班集体形成的基础。班级成为班集体，是一个渐进的过程，需要经过大量的组织管理和教育工作。一个优秀班集体，应具有明确的奋斗目标，有健全的组织系统、严格的规章制度、正确的舆论和班风等。作为一名班主任或教师，了解和把握班集体的发展阶段和特征，对于开展班集体建设工作具有重要的指导意义。

一、班级的内涵和特点

（一）班级是一种教育组织

现代学校的班级是与班级授课制的建立相联系的。17世纪捷克教育家夸美纽斯不仅总结了当时已有的班级教育实践经验，而且从理论上阐明这一学校教育组织制度。他在《大教学论》中提出："国语学校的一切儿童规定在校度过六年，应当分成六班，如有可能，每班一个教室，以免妨碍其他班次。"[①]他所说的每班就是一个年级，"班"和"级"紧密联系在一起。

从个别教学到班级教学，并不是许多个体的简单集合，而是使学校教育活动产生了质的变化。根据现代社会学理论认为，社会群体一旦具有

① 夸美纽斯.大教学论[M].傅任敢，译.北京：人民教育出版社，1984:230.

明确的组织目标、严密的组织机构和严格的组织规范，便成为社会组织。班级作为一个正式群体，通常情况下都有其特定的成员、特定的目标、特定的文化、特定的人际交往及其特定的功能。因此，班级是由一定年龄阶段、发展水平相当的一群学生组成的学校教育组织，学校以班级为基本单位开展多种教育活动。

（二）班级的特点

班级作为学校教育的基层组织，区别于其他社会组织，具有以下几个特点：

1.班级以促进学生的全面发展为目标

任何社会组织都有自身的目标。班级组织的目标是促进学生的全面发展。班级中的学生扮演的是“学习者”的角色，其基本任务是学习，学习内容既有预先设计好的如教学科目类的显性课程，也有如班级组织中的各种规范、角色、人际关系等方面的隐性课程。正是班级组织为青少年学生提供了一种集体生活的环境，对促进学生社会化和个性化发展起到重要的影响，凸显出班级对其成员的教育性。

2.班级组成具有若干规定性

就班级组织而言，在人员特质上，构成某一特定班级的成员在年龄和文化程度上是具有限定性的，即生理、心理发展水平大致相近，知识起点水平大致相同；在规模和人数上，每一班级学生人数大体上是固定的，即在接受某一类型教育的过程中（除特殊原因外）一个班级的学生人数是相对稳定的；在规范和秩序上，班级有严格的规章制度，并且各种规范和秩序是基本稳定的；在时限上，班级组成时间多规定有年限，通常是从某一阶段教育任务的开始到完成。

3.班级师生交往的直接性与多面性

班级组织中师生交往是一种直接的面对面的互动。从教师方面说，教师要在认识学生的特性、当前的心理状态、对教学内容的理解程度之后，才能对学生施加有针对性的影响。教师对学生所采取的认知策略会对学生在班级的活动产生影响，尤其是教师与学生的人际关系，在班级管理与学生指导中极为重要。

班级组织中师生的交往还具有多面性。在现实的班级活动中，班主任和教师与学生之间、学生与学生之间的交往常常是多方面的，既有知识传递与接受的交往，也有情感方面的交流与分享等。在实现班级这些功能时，既有教师与学生、学生与学生之间正式角色的关系，又有他们之间的各种非正式关系。因此，班主任和教师要重视通过多种途径与学生广泛交往，促进学生之间的深入交往，从而在满足班级主体多方面需要的过程中实现班级组织的目标和功能。

4.班级成员的不成熟性

作为班级主体成员的学生正处于身心的发展过程之中，尽管其发展水平因学生的年龄大小有较大差异，但就其整体相对于成人来说，学生是社会成员中的未成熟者。因此，班级必须在一定程度上依靠教师的力量，不可能实行完全的学生自主管理。一方面，学生在学校中对教师或班主任存在一定程度的依赖性，尤其是凭借自己的力量解决问题受挫时表现比较明显，经验表明，在中小学教育的整个过程中，学生的这种依赖意识是不会完全消失的，只不过依赖的程度随年龄的不同而不同；另一方面，尽管学生并非成人，但其自主意识是一种近乎天性的社会性要求，而且随着年龄的增长，学生的自主意识会逐步增强，许多研究表明，即使是小学一年级学生，自从入学那天起，就已开始谋求学校生活中的独立自主。

5.情感是班级主体的纽带

情感是一种体验，它反映的是主体与客体的关系。班级组织的健康发展，在很大程度上取决于班主任和教师的情感状况，以及以此为基础形成的对班级成员的认知与理解程度。班主任和教师的教育艺术就在于，使班级组织对学生产生巨大的吸引力，让学生对班级产生向往感、荣誉感、友爱感，使学生的良好个性能在班级组织中得以培养。班主任和教师要处理好规章制度、纪律等强制性手段作用与专业权力（闻道在先、术有专攻）、人格示范等非强制性影响的关系，紧紧抓住班级成员之间的情感纽带，与学生建立互动的、互信的、和谐的人际关系，提高班级活动的效率，促进班级目标的实现.。

二、班集体是班级发展的高级组织形式

班集体不同于班级，它是班级发展的高级组织形式，必须在班级这种形式的基础上才能逐步建设起来，需要大量的组织教育工作才能形成。有班级不一定就有班集体，在实际工作中，常常把任何一个班级都称作“班集体”或“班级集体”，实在是一种笼统而不科学的称谓。研究表明：“班级更侧重于组织名称，而班集体则是一种价值判断，反应组织的性质和水平。”马卡连柯也曾指出：“集体是活生生的社会有机体，它之所以是一个有机体，就是因为它那里有机构，有职能，有责任，有各部分之间的相互关系和相互依赖。如果这样的因素一点也没有的话，也就没有集体了，所有的只是随随便便的一群人罢了。”①

一个真正的班集体，有明确的奋斗目标，健全的组织系统，严格的规章制度与纪律，强有力的领导核心，正确的舆论和优良的作风与传统。它能正常发挥其整体功能，有计划地开展各种教育活动，不断总结经验，是不断自我提高、自我完善和不断前进的集体。不是任何一个班都能称得上班集体②。

班集体是由一位班主任、几位学科教师与一群学生群体共同组成，通常认为班集体只是学生的群体是不全面的，这个由教师与学生组成的群体是为了实现一定的教育目标，实现的途径是师生之间、生生之间在活动中交互作用。因此，把握班集体的“双边”含义十分重要，否则，教师在管理班集体时，如果仅靠自己的辛苦工作，只靠个人去想方设法，是难以奏效的。

（一）班集体是学校对学生实施教育管理的基本单位

首先，学校教学工作是以班集体为单位进行的。这样既有利于学生的学习活动，也使授课教师有固定的教学对象，便于对学生的了解。其次，学校的其他教育活动也是以班集体为单位开展的。例如，思想教育活动、文体活动等，都不可能完全在全校范围内进行。为了达到教育效果和

---

①马卡连柯.马卡连柯全集（第5卷）[M].许磊然，译.北京：人民教育出版社，1956：226–227.

②王道俊，王汉澜.教育学（新编本）[M].北京：人民教育出版社，1999：520.

便于维持秩序、场地、时间的安排等,就必须把学生分别组成许多单位,而采取班集体的形式就非常恰当。再次,以班集体为单位有利于深入了解学生实施个别教育。因为学生在熟悉的班集体中活动,其表现是自然的,哪个学生有什么思想动向和行为,班集体的教师,尤其是班主任,可以比较深入地了解,进而有针对性地开展个别教育。最后,以班集体为单位有利于学生之间相互教育。这些教育或来自彼此之间的交往,或来自潜移默化的影响,或来自相互之间的竞争。同学之间朝夕相处,比较熟悉,相互间的影响就容易产生,并能成为持续起作用的因素。所以,一所学校办得好坏,校风、学生面貌如何,很大程度上取决于该校各个班集体的基本面貌。

(二)班集体是社会的投影

班集体离不开社会这个大背景。说它是社会的投影,是因为班集体内时时刻刻都反映着社会的情境——社会的价值观念、风气、人际关系以及社会的发展变化。由于社会的复杂性,班集体中的学生就反映出相应的复杂性,给教育增加了难度。首先,班集体应该遵循社会要求的方向,有目的、有计划地为实现此目标而努力。一方面,学生要具有社会责任感,努力成为社会所期待的某种角色;另一方面,教师主要是尽到自己的职业责任培养教育学生,使其适应社会的要求,成长为社会需要的人才。其次,班集体活动中把班集体的社会化功能和个性化功能有机统一,促进学生符合社会统一要求的同时,也最大限度地促进每个学生的兴趣、爱好等得到充分的发展。处理班集体与社会的关系,切忌认识上和教育要求上的千篇一律和“齐步走”,切忌目标上的“千人一面”。

(三)班集体的构成要素

班集体作为客观存在的不断发展成长的有机整体,自身有着特有的构成要素。对其加以研究,有助于班主任和教师从整体上把握班集体建设的运筹。班集体的构成要素有以下五个:

1.目　标

主要包括班集体在德、智、体等方面发展的目标及学生个性发展目标,这个总目标具体又可以分为近期目标、中期目标和远期目标。班集体目标的制订要切实贯彻落实国家的教育方针,从学生的实际出发,经过班集体成员的民主讨论,着眼于学生素质的全面提高。

2.组织机构

班集体的组织机构主要包括班委会、少先队中队委员会、团支部委员会和各种小组(学习、值日、考勤、课外兴趣、服务等小组)。组织机构成员的选择与配备要注意整体优化,尽量让更多的学生参与,避免一人兼多个职位;要注意把干部的培养与使用统一起来,重视组织机构组建的民主性。

3.规范、舆论和班风

班集体的规范主要是依据中小学生守则和中小学生日常行为规范制定,要少而精,关键在于落实,逐步培养学生的良好行为习惯。班集体要形成健康的舆论,必须注意提高学生的认识,充分发挥骨干力量的作用,及时表扬或批评,奖惩分明,发挥舆论工具的作用。班风是班集体成员的思想、情感、意志的综合反映,要注意选择培养优良班风的突破口,经常“制造”积极的正面舆论。

4.活　动

班集体要有计划地开展多种多样的活动,恰当选择活动的内容与形式,力求更多的学生参与到活动中,提高活动的效果。

5.人际关系

通过组织学生参与活动、分工合作、角色变换等途径,为学生创造人际交往、情感交流的机会,逐步建立友爱、团结、和谐的人际关系。

第二节　优秀班集体的形成过程和标志

从班级到集体,再到优秀班集体,是一个从量变到质变,不断发展的过程。其中,量变不是成员的增加,也不是活动次数、组织机构数量的增加,而是在班集体的构成要素中,体现集体走向成熟的特点因素的量的积累。优秀班集体有别于班级或一般的班集体,具有特定的标志。

一、优秀班集体的形成过程

优秀班集体的形成大概要经过松散群体、联合群体、初级班集体、成熟班集体和优秀班集体几个阶段，每一阶段有不同的表现和特点。

（一）松散群体

这是班级组成的初始阶段。几十个学生被分在了一个教室，有了班主任和任课教师，每天按照课表上课，并开展一些其他课外活动。但整个班级是松散的，还没有集体奋斗目标，班级的学生之间互不熟悉，每个人有自己的心思，彼此处在新奇和互相观察状态；还没有出现班级骨干核心，大多数活动由班主任直接参与指挥；有外在的班级纪律和规范要求，基本处于“他律”阶段。因此，这个阶段，班主任一方面要面向全班提出明确、切实可行的要求，指导学生开展各种活动，为学生提供交往的机会，促进学生之间相互了解，另一方面要抓紧时间全面了解学生，寻找、选择积极分子并加以考察和培养。

（二）联合群体

经过一段时间的了解和前一阶段活动的开展，班级同学之间开始相互熟悉，师生心理开始沟通，各种人际关系初步形成，班级内的各种组织机构已经建立，班级核心初步形成，班级凝聚力有所增强，各项工作逐步有序开展。班干部的骨干力量已比较明显，在班主任引导下开始发挥组织管理作用。班级已有了比较明确的奋斗目标，但班级的目标和行为规范尚未完全变成学生自觉的行为，教育要求仍是外因在起主要作用。这一阶段，班主任应逐步从直接指挥班级活动状态中解脱出来，加强对班干部的培养和指导，逐步放手让他们来组织开展班级工作，使他们逐渐懂得自己是所在班级的代表，自己要以身示范，努力成为全班同学的榜样，当然也有权力、有责任带领大家维护集体利益，遵守班级的各项规章制度，为实现班级目标共同努力。同时，班主任应继续发现和考察班级中的积极分子，帮助班干部把这些人团结到班委会周围，以扩大班级的骨干力量，逐步提高班委会在学生心目中的威信，更多地发挥其协助班主任的作用。

（三）初级班集体

从联合群体到初级班集体，是一个质的飞跃过程。此时，班集体的形象初见端倪。班级的核心显现出来，班级骨干发挥重要作用，有些活动，即使班主任不亲临现场，也能有班干部带领同学开展起来。班级纪律比较稳定，较少出现扰乱课堂的行为。正确的舆论占上风，良好的班风开始形成。学生开始对班级感到满意，产生“还是我们班好”的心理感受，而且希望自己所在的班级能在同年级中位于前列。这一阶段，整个班集体洋溢着一种平等、和谐、上进和合作的心理气氛，集体的目标、规范、价值标准成为学生的行动指南，每个学生都能在集体期待的背景上对自己提出自我教育的要求和习惯，在集体中积极承担各项工作，在活动中表现自己的个性和才能，争当积极分子。班主任在这一阶段不能满足于现状，要提出更高层次的班集体目标，进一步提高班干部的素质，提高各项活动的效果，充分发展学生的个性特长。

（四）成熟班集体

在班集体成员的共同努力下，班集体的奋斗目标一步步实现，核心、骨干力量比较充分地发挥作用，能积极主动、有计划地开展班集体工作，班主任在许多日常工作和活动中都退居“二线”，良好的秩序、舆论和班风形成。每个学生对班集体都有较强的归属感和荣誉感，自觉维护班集体的利益，对偶尔出现的损害集体利益和荣誉的事情，感到气愤和忧虑，总是想尽快解决，挽回影响。

（五）优秀班集体

这是班集体发展的最高层次。班集体的核心、骨干力量扩大，绝大多数学生都成了班集体的主人和积极分子，能创造性地开展多种多样的活动，优良的班风得以巩固下来，形成好的传统，成员对班集体充满了自豪感，班级的心理气氛非常和谐稳定，很少发生不良的偶发事件。学生各方面的成绩优良，成为学校其他各班集体学习、追赶的榜样。

如上所述,优秀班集体的形成是一个渐进的过程,但其所需时间的长短是很难确定的,这主要取决于几个方面的因素。首先,最重要的因素是班主任的素质和教育管理水平。一个高素质、高水平的班主任能在三个月的时间里建成班集体,用一个学期或再多一点时间,建成优秀班集体。其次,是整个学校的集体环境因素。一个学校,有良好的校风、校纪、校容、校貌,再加上优秀的教职工队伍,是班集体形成的有利背景条件。反之,将对班集体建设带来许多不利影响。

二、优秀班集体的衡量标准

班集体作为一个不断发展的有机整体,从最初的组建到真正形成必须有可以考察和评判的具体标准。目前,从我国班主任工作实际来看,大多数学校开展班集体评估活动还没有完整的科学标准。因此,提出班集体形成的标准将有利于逐步走向科学评估。

优秀班集体形成的衡量标准,是基于班集体在明确奋斗目标和制定班集体建设计划的前提之下,从多个方面考察目标和计划本身以及达标和建设计划的实施情况,主要包括班集体的核心与骨干的发展水平、班集体的凝聚力、班集体的教育活动状况、班集体的学业水平、班集体的风气(班风)、班集体成员的个性发展水平等六个方面①。学校、班主任可以根据这些内容,确定等次标准,并据此对班集体的发展状况进行评估,以促进班集体的建设工作。

(一)班集体的核心与骨干的发展水平

班集体的核心,主要指班委会、少先队中队委员会或团支部委员会,班级的骨干是指围绕核心的积极分子队伍。考察其发展水平,主要有以下方面。

1.正式组织机构的完善情况

班集体的正式组织机构是班集体设置的职能部门和机构的总和,其职能的发挥有利于促进班集体的发展,具体可以从岗位设置、机构职能、

①赵海霞.班集体建设智慧与策略[M].长春:东北师范大学出版社,2010:18.

人员构成及关系、分工合作、整体运作状况等方面进行评价。

2.班干部之间的关系

班集体的建设需要班干部之间团结合作。他们在分配工作任务和荣誉时往往比较容易出现矛盾，相互协商、批评与自我批评、教育学生淡泊名利是解决这些矛盾的有效方法。

3.班干部的工作能力

评价班干部的工作能力，主要是看全体班干能否履行班委会的职责、每个成员能否履行各自的工作职责、完成班集体工作任务。具体包括在制定工作计划、组织实施计划、取得工作成效、总结经验教训等方面的能力。班干部的工作能力需要班主任和班委会不断地培养和提高。

4.班干部与同学的关系

班干部与同学之间相处关系如何，会影响班集体组织机构职能的发挥。班干部与同学之间容易出现的矛盾有班干部高高在上，工作方法过于简单粗暴、缺乏民主作风、不能以身作则，工作不能达到同学的期望等。因此，要求班干部树立服务意识，做好本职工作，关心同学，以身示范，主动听取同学的意见和建议，改进工作方法。同时，也要求同学们多进行换位思考，体谅班干部，从班集体整体利益出发，顾全大局。

5.班集体骨干队伍状况

班委会及班干部作用的发挥，需要一批关心班集体、积极为班集体出力、和班干部一起共同奋斗的积极分子，班干部靠他们把整个班集体带动起来。当然，班集体的积极分子不是天生就有的，是需要通过各种机会，特别是多种集体活动逐渐培养，尤其是对班集体中非正式群体中的核心人物要给予关注，如果他们能成为积极分子，将会带动一个群体进步，反之，则会不利于整个班集体的发展。

（二）班集体的凝聚力

这是班集体形成的重要衡量标准之一，主要表现在班集体对其成员的吸引力、成员之间的人际关系和成员对班集体的向心力等三个方面。

1.班主任和班委会在学生心目中的威信

班集体凝聚力的大小直接取决于班主任和班委会在学生心目中的威

信。班主任是班集体核心的核心，其人格魅力、学识水平、业务水平、工作作风等会决定在学生心目中的威信，学生对班主任是否满意是很容易观察到的。班委会的整体威信不等于每个班干部威信水平的机械相加，主要在为实现班集体奋斗目标、全面谋划班集体工作以及实施开展工作过程中建立起来的。对少先队中队委员会或团支部委员会的威信也应当加以考察。

2.学生对班集体的认同感、归属感和责任感

学生对班集体认同感、归属感和责任感的程度如何，反映班集体的凝聚力。学生对班集体的认同感，表现为对班集体目标、集体利益、集体活动计划与实施、集体荣辱的认同。学生对班集体的归属感，表现为能自觉从属于集体，以成为集体的一员而光荣和自豪，个人的言行服从于集体的利益需要。学生对班集体的责任感是与对集体的认同感、归属感相统一的，表现为关心集体，积极主动承担集体交办的任务，并尽力去完成，对工作的失误表示歉疚，对集体的困难产生忧虑。

3.人际关系的和谐程度

班集体的人际关系主要有三种。一是师生关系，主要是班主任和任课教师与学生之间的关系，也有对班集体发生直接领导关系的教师与学生之间的关系，如教导处、政教处、团委会等与班级学生之间的关系。二是学生与学生个人之间的关系、群体与群体（正式、非正式）之间的关系、平行班之间的关系。三是学生个体与群体（正式、非正式）、学生个体与班集体之间的关系。其中，班主任与学生的关系在各种人际关系中起主导作用。

人际关系的和谐须以集体主义为思想基础，其和谐程度是由责任依从、情谊联系两方面因素决定的。

（三）班集体的教育活动状况

有计划地开展教育活动是班集体建设的有效途径和方法，而教育活动达到的水平则是衡量班集体形成的重要指标。

（1）考察教育活动水平的重点是全班学生的参与程度，包括参与的广度和深度。这里所谓的“参与”，是指班集体中的成员以主人翁的身份，态度积极、认真，既动脑，又动口、动手，真正参与到活动的整个过程。从参与的广度来看，参与的同学越多，受教育的人就越多。水平高的活动，必然是集体成员广泛参与，每个人在活动中都有适当的角色和地位，活动最忌少数人忙，多数人当看客。即使是一次主题班会，也应通过酝酿、准备、会场的设计布置等，让每一个成员都参与进来。从参与的深度来看，是指参与者在活动中心理活动的深刻程度，是否用心思考，是否提出好的办法、主意，是否受到启发，产生新的动力，是否有新的目标等。这些可以从活动前后的不同表现或总结中考察出来，总之是参与的程度越深，受教育的效果会越好。

(2)考察教育活动的水平应注意活动内容的丰富性及重点内容的情况，主要依据是学校《德育大纲》中对不同年级的德育内容要求和学校的德育工作计划，以及每个班集体的实际情况，集中表现在制定集体系列活动计划时是否有所考虑，考察班集体发展水平时应认真回顾，看计划是否得到落实，反思计划本身是否有欠缺或需要调整的地方。班集体开展教育活动，仅仅注意丰富性而忽视重点内容是不行的。爱国主义教育、集体主义教育、社会主义教育等，一直是教育活动的重点内容。

(3)考察教育活动水平还应注意活动组织系统的全面性及活动的频次。班级中不同的组织，各有其特定的任务和职能，在组织教育活动方面各有特点和优势。每个组织既可以单独组织教育活动，又可以配合起来组织教育活动。活动组织系统的全面性，是指班委会、少先队中队委员会、团支部委员会、家长委员会等班级不同组织的整体协作与配合状况及水平。活动频次即活动频率，活动过多或太少对班集体建设都不利。一般来说，班集体全体参与的教育活动和正式组织的小组活动都以2周一次为宜，可以交替进行，做到每周都有集体活动。

(四)班集体的学业状况

智育是班集体建设的一项重要任务。班集体智育的目标在于遵循学习规律，创造良好的学习环境和条件，采取多种措施激发学生的学习积极性，促进学生学好各门课程、掌握知识技能和智力发展。因此，班集体的整体学业水平是考察班集体发展状况的一个指标，具体有以下几个方面：

1.班集体智育工作措施及实施情况

班集体工作计划中一般都包含智育工作的措施，但往往是粗略的。这里主要考察班主任、班委会的学习委员进一步采取的智育措施。例如，开展端正学习态度、明确学习目的的教育活动；开展学习方法指导和交流活动；定期与任课教师交流教与学的情况，及时反馈学习中出现的问题；开展学习或智力竞赛活动；学习小组活动；向家长汇报班集体学习情况，等等。措施是否能有计划地安排实施，效果如何，是考察的重点。

2.班集体的学习氛围

班集体的学习氛围表现在课堂上，主要是看学生是否遵守课堂纪律，专心听讲，积极思考、回答问题和参与讨论，主动发现和提出问题；在课后学生是否关注学习问题，能否按时完成作业、认真程度和质量如何，是否及时改正做错的作业，是否愿意主动找老师请教，成员之间能否互帮互学，特别是帮助后进生情况，自习时能否保持安静的环境，迅速进入学习状态，成员参加知识竞赛或智力竞赛的积极性等。另外，班集体的学习氛围还可以看成员是否有明确的学习目标与计划，其学习的积极性越高，整个班集体的学习气氛就越浓。

3.学生的学业成绩

学生的学业成绩是班集体学业状况的指标之一。考察班集体的学业成绩，要把班集体整体成绩与个体成绩结合起来，既要看平均成绩，也要看学生个体成绩的前后变化，不能将学生成绩简单排名。全班应该逐一分析各科成绩总结整体学业情况，每个学生应分析自己成绩是进步还是退步及其原因。要认真听取各任课教师的建议，尤其是要关注班集体中后进生的发展情况。这里要特别注意的是，对于测验或考试的分数，要联系试题的难易、题量等因素综合考察，不能简单化。总之，对学生的学业成绩不能过于计较，更多看到学生的进步，并适当给予奖励。

4.班集体成员的学习能力

智育的目标不仅是教学生学会知识、技能，更重要的是还要学会学习，具有较强的学习能力。考察班集体成员的学习能力包括：按学习规律安排自己的学习，如课前预习、课上专心听讲、课后及时复习和完成作业；

独立完成作业的能力;专时专用,讲求学习效率,有好的学习习惯;掌握适合自己的学习方法并不断创新;使用各种工具书的能力;动手操作、小制作等能力。

(五)班集体的风气(班风)

班风能在很大程度上反映班集体成员的精神面貌,良好的班风需要经过认真培养才得以形成,对集体成员的思想、情感、道德、言行、认知等产生潜移默化的影响,是一种无形的约束力量。班风作为衡量班集体是否形成的标志之一,主要表现在以下几个方面:

1.班集体的拼搏精神

一个优秀的班集体,总会有一种积极向上的拼搏精神。这种精神会使大家团结一心共同为实现集体的目标而奋斗。当集体取得成绩时,大家为集体而自豪,产生更大的干劲;当集体遇到挫折时,大家为集体而忧虑,并积极想办法解决问题。班集体是否有拼搏精神,主要受班主任的精神状态、工作态度以及班委会成员的工作作风等因素的影响。

2.班集体的纪律风气

班集体的纪律风气是班集体的纪律要求转化为成员个体的思想和行为所表现出来的特征。一个成熟的班集体,成员遵守纪律明显比较自觉和自律。

自觉纪律的形成是有客观规律的。首先是集体成员提高对纪律的理性认识,清楚集体纪律的重要性,产生遵守纪律的信念;其次是在集体生活中表现出执行纪律、自我约束的坚强意志;然后再逐渐形成遵守纪律的习惯。因此,在班集体形成纪律风气过程中的教育,就有强制性、半强制性、自愿和自觉四个阶段。考察班集体的纪律风气要注意自觉程度及其形成过程。

3.班集体的舆论风气

舆论对班集体的发展可以有两方面的作用。一是导向作用。正确的舆论引导集体成员向班主任和班委会靠拢,引导班集体向着目标前进;不正确的舆论则会造成人心涣散,干扰班集体的建设。二是调节作用。班集体在发展中会出现各种现象和问题,有积极的,也有消极的。正确的舆论肯定真、善、美，抨击假、恶、丑，从而调节个体和群体的言行。如果舆论不正确，是非混淆，就会出现负向调节。

作为衡量班集体形成的一个标志，考察班集体的舆论风气，重在看一个相当长的阶段里，对班集体里的好事与坏事的舆论倾向，即看舆论反映的快慢以及绝大多数人的认识是否积极、正确。

4.班集体规范落实情况

班集体的规范指每个成员必须遵守的行为标准，对集体成员有约束、导向和激励作用，包括两类：一类是正式规范，如中小学生守则、中小学日常行为规范、班级公约等；一类是非正式规范，是班集体内没有明文规定而自然形成的学生行为准则，是正确舆论、风气的具体化。考察班集体规范落实情况，主要是看正式规范的落实情况。

（六）班集体成员的个性化发展水平

班集体建设与发展的目的不仅在于促进其成员全面发展，还要注重促进个性化发展。因此，把个性作为一个整体，从以下方面加以考察其发展水平。

1.思想道德水平

班集体的德育工作将影响学生思想道德的变化与发展。一个人的道德行为分两个层次，第一层次是道德行动，第二层次是道德习惯。考察学生的思想道德水平，不仅要听其言，更要观其行，要特别重视道德习惯如何。对于道德水平比较低的学生，则重在看到其变化与进步。

2.兴趣爱好特长发展状况

考察学生是否有积极的兴趣、爱好，有没有一定的特长，是衡量其个性发展水平的重要方面。有的学生兴趣广泛，但不够集中，就很难发展成自己的特长。通过评价和引导，促使学生把爱好与特长结合起来。当然，对于成员产生的一些消极兴趣，必须及时引导，提前进行防范教育。

3.自律水平

中小学生正处于由他律向自律转化的阶段。每个学生自律水平的高低，反映其社会化成熟度的高低。学生的自律水平可以通过课上课下、校内校外的言行表现出来。特别是取得成绩或遇到困难，以及受到外界不良因素诱惑时，更能反映其自律水平。

4.人际交往能力

提高人际交往能力，建立良好人际关系，是一个人个性发展的重要内容。在新的社会发展阶段，在独生子女越来越多的情况下，这显得尤为重要。班集体良好人际关系的建立，有赖于个体和群体的积极交往，个体交往能力是重要的基础。考察个人交往情况，一看人数，二看人员组成，即“人际圈”，三看频度。考察个人人际关系，主要看友谊、和谐的程度。

5.心理健康水平

班集体中的集体心理氛围，从一定意义上说，是个体心理健康水平的反应。班集体建设应该促进其成员的心理健康水平的提高，班主任有责任进行心理健康教育和辅导。考察个人心理健康水平，不一定都要进行严格的心理测试，应该从生活态度、情绪状态、社会适应、交往情况、自我调控等方面分析。

上述主要从六个方面阐述班集体形成的衡量标准。需要说明两点：一是班集体的德育水平渗透在这六个方面，最终落实在个体的思想品德水平上，所以没有单列；二是由于学生身体素质基础、生活水平、保健条件、体育场地设施等都不是班集体建设决定的，班集体体育发展水平只作为班集体形成的一个重要参考，其内容主要看利用现有条件开展体育活动的情况、学生体质变化情况和体育达标情况。

通过对照上述指标对班集体的发展水平进行评判，从中肯定成绩，找出不足，制定班集体建设的新措施。班主任在制定班集体建设计划时可以参考这些指标，一段时间后和班委会成员一起进行讨论、评价，不断促进班集体的发展。学期末和学年末全班同学共同讨论，评定班集体的发展水平。

三、优秀班集体的形成标志

优秀班集体的形成具有一些标志，这些标志能体现班集体的整体面貌，主要有：

(一)目标统一

一个优秀的班集体,其全体成员应该有明确的统一目标。如果没有一致的目标,班集体就会出现人心涣散,行动混乱,工作无序。这是因为优秀班集体的目标客观上具有重要的作用:

(1)目标是灵魂,能使班集体的成员明确奋斗的方向,并能成为大家心目中的自觉要求。班集体目标体现了教育目标的基本精神,概括了学生在德、智、体、美、劳全面发展和各方面工作的要求。

(2)目标是尺度,不仅可以用其考评教师的工作,也能依此检查学生的表现,以便及时调整,促进班集体的发展。

(3)目标是推动力,能促进师生不断努力,有利于集体成员的竞争和相互学习,有利于每个人发挥主观能动性,增强创造力和自我努力的自觉性,更好地进步与成长。

优秀班集体的统一目标是一个长远的目标。这个目标既是班主任的工作方向和目标,也是每个学生努力的方向和要达到的目标。全体成员都非常熟悉这个目标,目标时刻召唤和督促着大家。由于这个目标是一届学生最后的要求,其形成有一定难度,所以要特别注意目标的高度和务实。没有高度就没有难度,就容易松懈和放纵;目标过高又会流于形式。没有实在的要求,目标就会成为虚假的口号,最后只能落空。

优秀班集体还应有统一的近期和中期目标。近期目标是一个短期的目标,可以是一个活动的目标,是实现大目标的一个环节和步骤。中期目标是一个学年或一个学期的目标,是落实长远目标的一个阶段性要求。

(二)行动协调

优秀班集体在各项行动上是协调的。首先,表现为学生行动与班集体目标相一致。班集体既定的目标应成为每个人的进取方向,班集体为实现目标而开展的活动应成为个人的自觉要求,这样一旦背离了目标就容易进行调整。其次,表现在班集体中每个学生都注意德、智、体等全面发展而不偏颇于某一方面。再次,还表现在全体成员的协调,班委会及骨干有很强的号召力和指挥能力,同学之间互相团结,对集体的各项有益活动给予积极支持，甚至牺牲个人利益，为集体做出贡献。任课教师之间和班主任都能和谐相处，形成教育合力，这样会减少矛盾，增加教育力度，提高教育效果。

(三)师生和谐

在班集体中，教师和学生在人格上是平等的。建立民主平等的师生关系是班集体建设的重要内容。因此，优秀班集体的教师和学生会心心相印，互相理解和支持，有较为融洽的关系。这是班集体发展的重要条件，也是班集体建设的主要内容。师生关系和谐主要表现在教师与学生的互相了解和齐心协力，教师不指责学生，学生不抱怨教师，大家都以主人翁的态度，自觉参与班集体建设。这种和谐不仅为班集体开展活动所必需，而且蕴涵极大的教育因素，能推动班集体各项活动的开展。师生关系和谐还表现在教师与学生之间有深厚的感情基础。教师由衷地热爱自己的学生，对学生高度负责，学生非常尊重教师，师生齐心协力。师生之间和谐程度愈高，班集体的发展水平愈高。

(四)全员奋斗

优秀班集体应是给人一种朝气蓬勃、充满活力的感觉和无往而不胜的激励，其成员有积极进取的向上意识，共同为班集体发展而奋斗。首先，全员奋斗表现在师生有强烈的目标意识和积极实现目标的态度。他们在集体的任何活动中都处于积极状态，不气馁，不抱怨，自觉争取做得最好。其次，全员奋斗还表现在集体成员的主动性上，做到自立、自策、自勉。自立表现在班集体的学生干部和骨干，不需要班主任的指派和强制，只要在教师的指导下，努力做好班集体各项工作，甚至主动创新地开展活动。每个成员既有独立自主的精神，又能够恪守行为规范。自策是指成员能够自我督促，不安于现状，不因循疲玩，促使整个集体不断进步。自勉是指成员的自我奋勉，对自己高标准、严要求，努力提高自己，奋力争先。

上述是从总体上阐述优秀班集体的形成标志。在实际活动中，这些方面互相交叉，互为表现，没有截然界限，难以严格区分，其表现程度也是不能具体衡量的，只能原则性把握、看待和建设。

第三节 班集体的类型

班集体的建设离不开班主任的指导。由于班主任对学校教育价值取向的认识不同，导致班主任对班集体建设目标定位的不同，加上班主任自身的个性特征和工作风格差异，因此班集体存在不同的类型和特点。依据侧重点不同，班集体类型主要分为管理型、学习型、团结型、自主型和民主型五种。

一、管理型班集体

管理型班集体指的是以严格管理学生、维持学习秩序为最高目标的班集体。班集体的发展目标主要是在班级建立严格的规范，以便有效地控制学生，保证学生学习知识和落实德育的秩序。

管理型班集体成员的角色性质表现为教师是知识传授者和班集体的管理者。作为知识传授者，教师往往表现为真理的化身，具有不容挑战的权威性，向学生传授的知识具有不容怀疑的真理性。作为班级管理者，教师是班级最高的领导人，无论是具体事务的处理，还是班级规则的制定，主要有班主任一个人决定，即使形式化地询问学生，一群小助手或听话的学生也会不假思索地同意教师的决定。在执行上级布置的各种任务时，教师的职责也主要是机械地传达和执行。有的班主任在这方面显得很有经验，也很主动，但可能缺乏班级教育的新思想和创造性。学生是知识接受者和被管理者，是有待塑造成为符合社会要求的未成熟者；被要求服从教师的指令，严格遵守明确的规章制度。

管理型班集体的教师与学生，属于管理者与服从者的关系。教师依据确定的规章制度管束学生的思想和言行。教师集中注意力把班级工作搞好，完成上级规定的任务，学生被要求配合教师，服从管理。其中，教师可能会精心培养一批小干部、小助手，让他们既能忠实地领会教师的管理意图，又能干练地协助教师完成各项任务，把班级管理好。不过，班主任可能因为对教育事业的热爱和个人修养，而与学生形成非常好的人际关系,深得学生的拥护和爱戴。

管理型班集体中的生生关系主要有两种情形。一方面是依据管理规范形成明显的层级节制关系。一些班干部被班主任赋予管理班级的权力,并且这种权力被逐层分配给其他干部、小组长,最后被管理的则是大多数群众学生。另一方面,考试成绩成为衡量学生成绩甚至品行的尺度,学生由此被划入不同层级,成绩优异者极有可能成为班干部。

管理型班集体的规范与权威是各种正式的规章制度。教师往往要求学生服从这些制度,并且通过班干部严格执行并进行严密的监督。而非正式群体的存在往往被忽视,难以被当作班集体建设的积极因素。

管理型班集体的各科学习活动占核心地位,其他的主要是学校领导自上而下布置的活动,也更多的是由班主任决定主题、内容、形式后,带领或布置班干部层层予以实施。

在严格的管理制度中,学生主要是接受和遵守教师宣布的的规矩,完成教师和班干部布置的任务,而不必对这些规矩的合理性、任务的意义发表自己的看法,最终学生个体和群体的丰富特点、个性难以得到充分发展。即使是知识的学习,学生也难以形成自己独到的见解、思路和思想。

二、学习型班集体

学习型班集体以各门学科的知识学习为中心,其发展目标是通过教师指导、学生的主动投入与师生、生生相互作用而形成集体学习氛围,完成学习任务。

与管理型班集体不同的是,它看到了班级为学生个体营造的集体学习氛围所具有的学习价值。因此,它对于班级发展质量的追求,已经不满足于维持正常学习秩序,而是在此基础上追求在集体氛围中创造更高的学习质量,关注班级作为一个集体在学习成效方面的整体效果。

学习型班集体中的教师与学生会在营造良好的集体学习氛围时根据实际需要而承担不同的角色。其中,教师不仅是知识的讲解者,更是学习的指导者。教师要善于发现不同学生的学习成效、思维品质,还要善于组织学生形成学习小组,并让不同学习小组的学习成果在班级中得到交流和提升。学生是学习的主体,逐步学会自主学习,包括参与体验独立学习过程和与老师同学交流的过程，参与营造集体学习氛围。

在学习型班集体中，教师很在意将学生看做平等的班级成员，教师会逐步指导学生在学习过程中自主参与班集体建设，关注在班集体中唤起学生丰富的自我活动、自治活动，并加以组织和引导。学生之间重视合作，彼此相互补充、相互激励、相互帮助，在长期的互动过程中结成心理共同体，产生心理归属感。为了提高学习质量，师生、生生不限于认知上的交往，还包括人格、意志和民主合作等方面。

在学习型班集体中，把正式规章制度和人格化的管理方式在不同程度上结合起来，强调让学生理解班级生活规范，将其内化为个人行为标准。教师的权威最初是由社会赋予的，后来在班集体建设过程中则更多地依靠自身的人格力量。不过，班主任在自己所教的学科中与学生关系非常融洽，但作为班主任管理班级日常事务时则非常传统，强调依靠正式的规章制度维持班级秩序。因此，这样的班集体可能是一个非常活跃而有凝聚力的学习集体，学生之间自由交流解题方法，情感上互相接受，认知上互相理解，在具体的课题活动中形成相对合理的角色分工，但在学习之外却有可能是一个让学生非常拘谨的规范性集体，仍可能会比较严肃地维持着学生之间的“科层”等级。

学习型班集体的活动，在学习领域是由教师指导学生以自主管理的方式维持班级生活秩序。同时，班主任致力于学科内容的学习指导和班集体的学习体制的建设。班主任有可能将学习领域的自主管理方式迁移到班级生活的其他方面，但更有可能坚持自上而下布置任务、完成任务的做法。

学习型班集体学生在学习方式上能较为主动和与他人合作，但其发展仍以知识学习为核心。最终，有的学生可能会将学习领域中获得的较为全面的发展拓展到其他方面，从而获得较为完整的发展，而有的学生则可能学习成绩不错，但在其他方面却留下遗憾，如在日常生活中与人交往的能力等。

三、团结型班集体

团结型班集体强调在班级中形成共同价值、共同的活动目标与任务，具有高度凝聚力和高度组织化。其中,有的关注通过形成集体的过程发展个性品质,有的强调发挥学生集体在班级发展中的主体作用,而不仅仅是接受教师的管理和教育。

在团结型班集体中,教师作为社会代表者,主要负责向学生强调社会团结的价值观,并以此为基础统一学生的思想,将其组织成为具有高度一致性的集体。因此,教师要不断了解学生发展情况,尤其是思想动态和行为表现,以便发现问题及时处理,或者发现为集体而牺牲个人的表现及时奖励。学生被看做有待通过班级活动而克服个人主义、形成集体主义精神的受教育者,学生被要求不断用集体主义精神来反思自己的思想和行为,甚至做出自我批评或批判,同学之间的交往也主要以是否符合集体利益为标准。

团结型班集体教师的权威不仅一开始就被社会赋予,而且通过班集体建设过程加以强化。其中,通过不断调整衡量学生个体存在价值的标准,即是否符合集体主义精神、与集体利益一致,学生个体实际上既被要求服从集体利益,也被要求服从代表社会价值的教师。对于集体规范,强调让学生从开始接受、逐步发展到理解、同化,最后将其内化为每个人自身的精神需要和自觉遵守的行为准则,并能根据班级情况自觉制定集体规范,使之成为班级统一意志的体现。

在团结型班集体中,大多数集体成员接受和遵守集体的行为规范,为集体利益而自觉地、一致地行动。为此,还强调通过集体活动,自觉地与各种背离集体利益的人和事进行斗争。班级活动主题和内容的选择,往往也是集体生活的需要,大部分是政治教育、传统教育、道德品质教育等。班级活动的设计、组织与实施等过程中,强调让同学们齐心协力、共同完成任务,班级活动往往以小队或全班为单位进行,比较重视班级和全校的大型活动。

学生在团结型班集体中形成亲社会的、统一的价值观念和行为规范,尤其是具有集体主义精神,但是个性发展普遍被忽视。在各种社会因素和个人因素比较稳定时,在某些需要团结起来完成任务的场合,这样的班集体和学生个体往往表现出明显的凝聚力和很高的工作效率,但当需要个体独立做出判断和选择时,这样的班集体和学生往往会不知所措。

四、自主型班集体

自主型班集体是班干部自主制定班级活动规划并有效实施，学生互相协作共同完成各项任务，其发展取向一方面在于班级管理，维持正常学习秩序，另一方面在于通过班级管理培养学生的自主管理能力、主动策划能力和团结协作能力。

自主型班集体中的教师主要是一个指导者。教师相信学生有自主管理的能力，会根据学校教育要求和工作计划，指导并监督学生自主安排各项事务，并创造机会激发和利用学生的潜力，让学生成为班级发展的主体。这样，学生就有机会主动策划班级发展的具体目标、安排班级活动并组织大家共同完成任务，也能在小组和班级中展示特长。同时，在自主参加小组活动和班级管理的过程中，班级的凝聚力也在不断形成，学生有可能真正感受到作为班级主人的尊严和责任。

自主型班集体强调在集体中发展学生的个性特长，所以班主任很关注师生之间、生生之间形成和谐的人际关系。因此，班主任会根据社会要求和学校工作安排指导学生制定活动计划并协助实施。同时，也会关注学生正式群体与非正式群体的特点，有计划地安排活动，既为每位学生提供发展个性特长的空间，也将个体的发展凝聚为班级的整体发展。学生则既可以根据教师安排组成学习小组、活动小组，也可以根据自己愿望组成小队。在小组或班级中，人人都是主人，同学之间民主平等。

作为自主型集体，强调学生逐步实现自治管理，发动学生全员参与制定集体目标。同时，通过讨论设置班级工作岗位，民主选举班委会成员和其他岗位负责人。经过一些民主程序，更多学生获得了为班级做贡献的机会，也获得了相应的权威。班主任由于参与创建并融入这样的民主机制，一开始被赋予的权威逐步获得学生的尊敬。

自主型班集体以民主参与和自主组织为基础开展班级活动，将学校工作安排和班级实际情况结合起来，确定有针对性的活动内容，形成系列化的主题。强调共同活动的计划性和严密组织性，形成合理的分工安排，每个人都能根据要求完成自己所承担的任务并相互协调。在完成各项事务的过程中，培养了学生的自主活动能力，做事非常干练，个性也得到发展，在班级生活中表现得多才多艺。

五、民主型班集体

民主型班集体是让每一位学生都能充分展现自己并形成主动发展的动力和能力，使班级成为提升个体生命质量的集体。在这里，学生个体与班集体不再是需要用一方来克服或损害对方的两极，而是相辅相成的两种精神生命体。班级成为学生得以和他人相互敞开胸怀、共同拓展视野、不断提升精神品位的场所和更为开阔、更为高尚的心理空间。同时，学生在与他人的交往和参与民主集体建设过程中提升自己的人格修养，学会真诚面对，学会承担对他人、对集体、对社会、对人类，甚至对整个世界的一份责任。

在民主型班集体中，教师是学生发展可能性的发现者和创造者。教师利用自己的智慧和心灵，了解、感受和辨析学生生活中的各种现象，从中发现和创造新的发展可能性，当然，这要求教师拥有更为博大和高尚的胸怀。学生是主动寻求自身健康发展的主体。学生拥有潜在的主动发展动力，需要在复杂的社会生活中提高生命质量，需要在班级生活中得到关注，并由此激发发展动力，形成主动发展能力。

在民主型班集体中，师生关系更多的是发现者与主动敞现者、促成发展者与主动参与者的关系。即教师为学生主动发展提供机会和点拨，包括主动发现学生的发展空间，为学生提供主动敞现精神生命的机会，为学生创造自我发现、学会主动发展的教育经验，学生则是逐步学会主动敞开自己的胸怀，主动关心他人，在与他人的交往中共同创造美好的集体生活。

民主型班集体是根据学生发展和班级生活需要，民主设立各种岗位，在民主评议岗位负责人的行为表现过程中认同和创造合理的班级生活规范，逐渐生成权威。其中，更重要的品质将是教师或学生个体的人格影响力和参与班级生活、为同学服务的能力。教师会在与学生交往过程中获得超越社会赋予权威的人格魅力和内在尊严，班干部会在同学的认同、协助之中获得尊重、支持与权威，每一位学生都有机会成为给大家提供服务的班干部，也可以同等享有集体的支持气氛。同时，班集体整体形象也逐渐形成，并在适当的时候形成班集体的个性——是一个由独立性、凝聚力、创新力、竞争力等方面构成的班集体。

民主型班集体是学生展现才能、主动实现全面发展的舞台。班级活动不再是单方面地有上级或教师预先安排，更不是为了完成上级布置的任务，而是将社会要求、学校要求与学生的真实生活结合起来，着眼于学生个体和集体发展的需要，在全班成员共同参与讨论的基础上进行选择或创造。最终，每一位学生形成主动发展的动力和能力，学会欣赏他人和与人合作，在民主参与集体生活过程中提升生命意义；同时，每一个学生群体和班集体成为学生个体的心灵之家。

上述班集体的不同类型，是基于研究的角度进行相对分类的，分别有着各自的特点。实际上，一个真正的班集体，可能具有其中多种类型班集体的特点。因此，在班集体建设过程中，可以结合班级实际情况，把不同类型班集体的优点集于一身，正确选择和定位班集体的类型和奋斗目标。

思考题：

[1]如何理解班级与班集体的关系？

[2]班主任如何根据优秀班集体的形成过程开展工作？

[3]不同类型的班集体分别有什么特点？

[4]请根据自己班级的实际，构想一个你心目中理想的优秀班集体。

第二章　优秀班集体的建设

第一节　建设优秀班集体的意义

一、优秀班集体的作用

(一)优秀班集体是学生成长的摇篮

学生从进入学校开始就生活在集体中,学习和生活都在这里,其成长也在这里。班集体首先是学生受教育的场所。人的成长离不开教育,而系统的教育必须在学校里进行。孩子进入学校就是以班集体为组织单位,系统地学习文化科学知识,学习做人的道理。

学生的成长离不开与他人相处,只有班集体才能给学生提供更符合成长要求的诸多条件。第一,在班集体中,学生走出家庭的小圈子,在这里有老师、同学,扩大了接触面,生活内容更丰富,与社会更接近。第二,学生在班集体中扮演了新的角色。在这里他们不是单纯的受保护的角色,他们是集体的一员,除了学习之外,还要尽自己对集体的义务和责任,担当起集体的主人。这种角色的扮演,是他们进入社会、实现个体社会化所必需的准备。第三,学生在班集体中要受到集体的各种“约束”,这种“约束”恰恰是社会的需要,这就使班集体成为一种“社会态势”,学生在这里不断学习怎样做适应社会要求的人。

从学生自身来讲,要实现德、智、体、美及心理全面和谐发展,需要一定的客观外在条件促成,显然学校里的班集体能提供比家庭更为合适的条件。只有在班集体中才能给学生提供好的环境,班集体像个温馨的“摇篮”,不仅教育内容多样化,而且安排有序,科学合理,能促进全体学生健康地成长。

(二)优秀班集体是学生活动的基地

学生进入学校后,生活发生了变化,他们走出了家庭的小天地,进入到一个完全陌生的新环境。从此,他们的活动由以家庭为中心,转换到以学校班级为中心。对他们来说,“上学”就是到了班集体中活动,这里成为他们活动的基地。

学生在班集体中参与活动,其实也是广泛的学习过程。学生就是在这样不断的“活动”中成长的,更是在这样的“活动”中逐渐成熟的。说班集体是学生活动的基地,不仅仅是体现在活动场所的意义上,更重要的是学生在这里通过活动学习知识,学习与人交往,学习适应集体生活,积累进入社会的必要经验。因此,每个人进入社会的准备程度如何,适应能力如何,服务于社会的本领如何,与其在学校里班集体所给予他的影响有密切的关系。

班集体作为学生的活动基地,还表现在学生的活动时间上。按照一般学校的活动安排,学生在校的时间每天要在七八小时以上,每年要在学校生活九个月以上。可见,学生更多的时间都要在学校班集体里度过。因此,学校从校长到教师、班主任,都要认识到班集体作为学生活动基地的意义,认真研究学生在班集体中活动的内容、方式,充分发挥班集体活动基地的作用。

学生在班集体中的活动内容多种多样,包括比较全面系统的学习活动、思想政治活动、文娱体育活动、科技活动、社会公益活动等。这些活动是任何家庭都不能开展的,只有班集体能够有条件组织开展这些活动。一个优秀的班集体,总是善于为学生开展喜闻乐见、丰富多彩的活动。这些活动不仅吸引了学生,使他们学会热爱集体,并受到多方面的教育和锻炼,是他们社会化过程中不可缺少的。

班集体作为学生活动的基地,不仅能使学生得到锻炼和教育,同时也使他们的能力和特长在班集体中得到施展和发挥。学生在班集体中有各种活动的机会,进而能引发他们的兴趣,发展其特长,甚至形成一定的能力，对学生来说，这是最好的锻炼机会。这种锻炼，往往会让他们终生受用。

（三）优秀班集体是陶冶学生的熔炉

班集体是陶冶学生的熔炉，主要是指班集体对个人的陶冶、集体中学生相互间的陶冶和各种集体活动中所形成的潜移默化的影响。这是家庭等其他场所不能比拟的。

优秀班集体有一种好的气氛，主要表现为一致的舆论、积极向上、团结友爱、热爱集体等。这种气氛是一种无形的力量，会使每个同学都在集体中有进取意识，对集体有深深的热爱之情。他们在集体生活中是主动者、参与者、自强不息者。这种集体能对学生产生一种潜移默化的影响。

班集体中的学生是同龄人，虽然每个人都有各自的特点、优点和不足，但他们有青少年共同的特点。这些同龄人一起组成的班集体，其相互间的影响是很大的。因为有共同语言，又朝夕相处，大家在一起学习、娱乐，彼此坦诚相待，容易相互影响。因此，优秀班集体有一种感染，这种感染就是陶冶的结果。

班集体对其成员的陶冶首先来自多种多样的活动，这种“动态陶冶”是班集体的有利条件，组织的活动愈多，学生的表现愈充分，学生受陶冶的机会愈多，班集体的陶冶功能就发挥得愈尽致。可见，班集体的陶冶作用离不开活动。

班集体对其成员的陶冶还来自班集体的环境和氛围，这种“静态陶冶”起到“润物细无声”的作用。优秀的班集体有良好的文化环境、生活环境，这些环境对学生的影响是客观存在的，有时还很大。

班集体对其成员的“潜移默化”不能简单地看作都是正向的、积极的，有时也会出现反面、不健康的因素及消极的影响。这是需要正视的。因此可以说，班集体作为陶冶学生的熔炉，应该建立在班集体良好状态基础之上。

（四）优秀班集体是学生自我教育的课堂

班集体在发挥教育作用的同时，也推动和促进学生的自我教育。它不仅教育培养学生,匡正学生的不良行为,而且也是学生进行自我教育、自我激励的大课堂。班集体对学生的教育培养,最终要靠学生的自觉接受——自觉选择教育的内容,自觉去实现。任何教育活动缺乏这种内驱力量,只能是外加的、无益的,也很难达到预期效果。

班集体进行各种教育活动,能促进学生积极接受教育,教师的不断要求、班集体对个人的各种约束,都会促进每个学生去思考和实践,进而形成自觉的要求,形成自我教育的内驱力量。学生该做什么,不该做什么,常常是在"随大流"中养成的,就是说集体的制约力量能使学生从不自觉到逐渐自觉,直到形成良好的行为习惯。班集体也能够匡正某些学生的不良行为,使他们这种行为在"别人"面前不能表现,进而有所收敛,以至逐渐自觉克服。这个过程就是在班集体中学生自我教育的过程。班集体的状态愈好,这个过程的作用就愈强。离开了班集体,这种自我教育的能力和效果就会减弱,甚至消失。

班集体对学生自我教育的促进,分析其原因,是因为学生有一种从众心理和模仿心理,有时这种心理是不自觉的,但效果却比较明显。班集体的风气正,学生的良好表现就会成为主导面;当班集体中出现了什么新的苗头,一旦受到肯定,这种苗头就会被多数人甚至整个班集体"接受",成为集体中的一种新行为。好的行为有人模仿,少数人随着多数人行动,这其中就体现了班集体促进学生自我教育的力量。

一个优秀班集体,必然是竞争意识强烈,你追我赶,谁也不愿落后。这种竞争能形成一种巨大的推动力量,推动学生形成上进心。有时候这种竞争可能表现在某些具体小事上,这些都不能轻视。因为具体事情上的竞争可能意义不大,可它却能带来一种上进意识,激活不甘落后的心理。这种心理特点一旦形成,就能形成积极开拓进取、勇于争先的精神,进而成为学生将来立足社会、奉献社会的精神基础。

然而,班主任在班级管理中常常忽视通过竞争激活上进心来促进学生自我教育,往往只停留在让学生对"先进"的模仿上,不注意激发学生的竞争心理。其实,向先进学习,包括开展学习先进人物的活动,都应该立足竞争,不应该立足模仿;都应该立足于在集体活动中提高自我教育的能力,而不应该仅仅是照着人家那么去做。这样,班集体才能成为自我教育的课堂。

二、建设优秀班集体的意义

（一）建设优秀班集体有利于成员产生强大凝聚力

优秀的班集体，可以使它的成员感受到集体的力量，感到自己生活在这样的集体中很自豪，因此能产生一种集体的向心力。学生生活在这样的集体中，会有一种荣誉感和自尊心，由此能引发集体主义精神。班主任在工作中一定要创造机会使学生增强这种精神，同时也要注意保护这种精神，有经验的班主任总是要让学生形成一种集体的力量。在各种活动中总是积极争上游、争先进，总是千方百计地让学生对集体有自豪感。这是一种无形的力量，这种力量一旦形成，班集体就会不断改变面貌，甚至会产生意想不到的成果。

（二）建设优秀班集体有利于形成健康的教育环境和氛围

集体教育很大一部分的力量来自集体的环境。这种环境包括人际关系、文化气氛、集体的风气、感召力和凝聚力等。在集体环境中，如果这些因素都能积极的"存在"和形成一定的相对稳定的状态，就会发挥出有力的教育作用。班级成员一般都有几十名，他们有各自的"矛盾"，而且是此起彼伏。班主任在工作中要尽量避免陷在具体矛盾之中，否则将会形成自己一个人唱"独角戏"的局面，无法发挥集体的教育力量。利用集体的教育环境和氛围教育学生，班主任要认识到其重要性，同时也要明白班集体的教育环境不是自发形成的。这就向班主任提出了班集体教育环境建设的问题，即要努力构建和形成班集体环境的教育条件和氛围，并利用环境对学生进行教育。建设优秀班集体，与集体教育环境建设有密切的关系。建设集体教育环境涉及很多方面的工作，班主任要提高自身的知识水平和文化修养，这样意境才能深，班集体教育环境的文化内涵才能丰富。

（三）建设优秀班集体有利于班级各方面工作的协调一致

一个优秀的班集体其各方面的工作必定是协调的，各方面的努力方向必定是一致的。这是优秀班集体的基本条件。因为协调，班集体工作才能配合默契，运作有序，形成积极和谐的态势。这样不仅可以减少集体内的不必要的内耗，在多方面相互促进中使班级工作有所发展，而且可以形成合力，形成积极进取的共同目标，使班级工作不断取得成绩。优秀的班集体也只有在协调一致中才能形成。

（四）建设优秀班集体有利于产生事半功倍的管理效果

优秀的班集体不仅是步调一致的，而且也是纪律严明、令行禁止的。优秀的班集体的绝大多数人又都是自觉、积极主动的。这一基本条件又使得班级管理中班主任不必为一些具体的矛盾所困扰，放手解决学生健康和谐发展的一些根本问题。学生守纪律、有自觉性，在班级工作中可以成为实现班级管理目标的一个极为有利条件，不仅使班主任少分心，班级活动井然有序地开展，而且这种情况是一种集体的积极因素，其意义更在于由此而表现出的集体的风貌和力量。在班级管理中，如果班主任成天忙于维持纪律，或忙于对付学生中各种不自觉的行为，其实已经不是在进行真正意义的班级管理工作了。所以，建设一个优秀的班集体，班集体具备了多个优秀的条件，这本身就是班级管理更高层次的表现，达到了事半功倍的效果。

（五）建设优秀班集体有利于学生的自我教育

优秀班集体是班级全体成员共同创建的，这其中包括每个学生的不懈努力，也是每个学生自我教育的成果。反过来，形成了优秀的班集体，又会给学生一种积极的影响，会促进他们向更高的目标迈进。这又包含着自我教育的发展。优秀班集体的这种作用，一是来自它的激励力量，在你追我赶的集体中，人人都不甘心落后，这就是一种无形的推动力；二是来自成员的觉悟程度，这种“觉悟程度”会时时“提醒”那些还没“觉悟”的人，于是一种向前看的风气会自然形成。这种集体促进其成员自我教育的巨大力量，班主任在工作中应给予重视。

第二节　建设优秀班集体的指导思想

班主任以什么指导思想来对待优秀班集体的建设是个重要的问题。指导思想正确，对集体的形成和运作更为有利，可以使学生更多地得益于集体。反之，班集体会成为一个散乱的群体，或是成为一个被动的群体。因此，班主任要明确建设优秀班集体的指导思想。

一、学生是主体

在班集体建设中，班主任与学生处于什么地位，分别发挥什么作用，是班集体建设的一个首要问题。学生的主体地位是否得到尊重和实现，正是指导班集体建设的不同思想的根源。任何教育活动，都是以学习者因素发挥的程度来决定其效果的。主体的需要和利益所决定的主体的选择是构成教育活动的基础。班集体是以学生为主体构成的集体，这个主体又是以学生为目的来组成的。因此，班集体建设就要充分调动每个学生的积极性，发掘他们的特长和潜在的积极性。学生的个性特点和积极性能够体现和发挥，是他们产生成功体验的源泉，也是推动班集体工作的重要条件。真正优秀的班集体，都是学生能够发挥主体积极性的集体，他们会心情愉快、精神振奋、有责任感，整个集体团结向上，有很强的凝聚力。

以学生为主体，是班集体的活力和生命力之所在，对此班主任要有明确的认识。同时，班主任也要意识到班级管理中常出现的不重视学生主体的偏差。班主任把工作重点放在“管住”学生的侧重面上，认为学生只要听老师的话就行，这种指导思想不仅会使学生总是处于被动状态，并且也会使学生的主体意识扭曲和淡漠。所以，班主任在班集体建设中，不要错误地认为自己努力管住学生就是对学生负责，更不要认为把学生管服帖了就可以形成优秀班集体。

二、锻炼学生

在班集体建设过程中，要放手让学生在各种活动中去发挥、去实践、去克服困难，达到锻炼的目的。班主任确立这种思想，就会在各种活动中让学生去想和做。在告诉学生活动的主题之后，让他们去思考、策划，并鼓励学生大胆地去实施。同时，通过学生的实践，让他们寻求做好事情的责任感。这也是使学生主体意识能够真正发挥的重要之处。另外，锻炼学生的意识还体现在让学生去经受失败和学会克服困难。只有经受过失败和挫折，学生才能够体会到做人的艰难，才能汲取经验教训，才能逐渐成熟。

班主任不能确立锻炼学生的思想，主要是因为不相信学生，以为他们太小、太幼稚，只能老师代他们做，或者只能老师教他们做。同时，也是因为对学生不放心，怕学生做错、走弯路，以至于带来更多的麻烦。有些班主任甚至不恰当地认为，让学生做事、策划实施是不负责任的行为表现。在这种错误认识的基础上，班主任就会事必躬亲，大事小事都要自己去做，忙得焦头烂额，但教育效果并不好。因此，班主任要克服认识上的障碍，尽量让学生得到锻炼，不仅是对学生负责，从长远看才能真正提高班集体管理与建设工作的质量。

三、发挥学生长处

建设优秀班集体，确立发挥学生长处的思想，首先要求班主任真正了解学生，认识到每个学生的长处。学生的长处一旦被班主任认识和肯定，就会成为一种隐形的教育因素。因为了解人的长处往往是增强教育的信心，是教育的启动点，同时对学生又是一种被理解、被肯定的鼓舞因素。基于这种认识，班主任在工作中就要去发现和留心学生的长处，甚至去仔细搜寻学生的长处，这样就能广泛地调动学生的积极性，鼓励和肯定学生的长处。利用和发挥学生的长处，会使班集体建设增加教育的力量和积极因素。有的班主任以为不断匡正学生的短处，或者找学生缺点进行教育才是真正的负责。这种理解是片面的，因为这样做固然需要，但以此作为教育的“重点”，时间长了就会使学生积极性丧失，甚至受到压抑，乃至整个一生都处于被动状态。又因为老师发现学生缺点和短处比较容易，学生的短处和缺点往往会造成眼前的矛盾，所以班主任的教育侧重点也容易放在“纠正”和“管束”上。因此，班主任一定要努力改变这种状况，从端正思想做起，确实把发挥学生的长处摆在重要的位置。

在工作中，有的班主任想去发挥学生的长处，但是却不知道学生的长处，成为一些班主任工作的难处。对待这个问题，要求班主任首先要全面深入地了解学生，不能只看一时一事或是只看某些表面现象。有时候发现人的长处或潜在的积极性，需要艰苦和耐心地努力，不是唾手可得的。同时，班主任要在活动中去发现、发掘，学生的某种长处或闪光点，有时会在某种活动中表现出来。因此，多方面地开展活动正是发现或发挥学生长处的好时机。总之，班主任在班集体建设工作中，要坚定地确信学生都有长处，并努力使这些长处展现出来。

四、以活动为主渠道

班集体的建设包括静态和动态两种不同的思想和做法。所谓静态建设，是指班主任不组织活动或很少组织活动，对学生进行思想教育以促进班集体发展。一些班主任可能认为静态建设可以省时省事，只要提出要求，进行监督和纠正就可以了，也会因此不注意开展活动，也不注意在活动中锻炼学生。这样的班集体，一般可能秩序良好，不会出表面上的混乱，但多半会气氛沉闷，进取心不强，或是背着老师做着不该做的事情。可见，单纯的静态建设不能达到理想的效果。所谓动态建设，是指班主任通过各种活动对学生进行教育，让学生在活动中得到锻炼。通过活动建设班集体就是要组织多种多样的活动，学生总是在紧张而热烈的状态中生活。在这种状态下，人人都会积极参与，人人都有自己的位置，人人都觉得自己是活动的主人，人人都会去发挥自己的作用。在活动中建设班集体，即使对少数不太协调的学生，也能够被带动，使他们在各种活动影响下参与进来，进而与集体保持协调一致。以上这两种建设班集体的思想和做法，班主任应该坚持以活动为主渠道。虽然这样做可能会麻烦、辛苦一些，但从教育效果上看是可取的；从长远的工作看，这种“麻烦”和“辛苦”都可能是短期的，一旦班级开展活动走上轨道，形成一种机制，那就会给班集体建设工作带来许多意想不到的教育效果。

以活动为主渠道建设优秀班集体，对班主任是一个较高的要求，因为开展活动不是随便的，更不是一种即兴行为，而是要求班主任有较深的文化修养、较高的思想境界、较强的组织能力以及较多的主意和设计能力。因此，班主任在班集体建设工作中，不断提高自己的素养是无止境的追求。

第三节　建设优秀班集体的策略创新

建设一个优秀的班集体是每个班主任梦寐以求的，能在一个优秀班集体中生活与学习是每个学生的心愿，也让他们感到自豪和光荣。然而，在班集体的建设过程中，不仅要班主任和学生付出时间和精力，而且更为重要的是要求班主任能正确认识班集体的形成规律，讲求建设的策略与方法，这样才能达到事半功倍的效果。

一、提升自身素养，身教胜于言教

（一）规划职业发展生涯

作为一名教师或班主任，从事着与整个生活乃至生命休戚相关的职业。工作中曾经为无数学生的未来设计过，也经常为一节课彻夜不眠，甚至为和学生的一次谈话盘算良久。然而，是否思考过"我要成为一个什么样的教师或班主任"、"我的班主任工作应达到什么样的目标"等诸如此类的问题，这将关系到教师或班主任自身的专业发展，自然也影响到班集体建设工作的开展与效果。教师或班主任能设计良好的职业发展规划，不仅可以保障我们的专业成长和持续发展，更为重要的是可以促进我们建立和提升自己的教育专业地位，更好地发挥对班集体建设的影响力，在具体实在的成功中体味教育者独有的幸福。

（1）设计和规划职业发展，要从做好本职工作开始，不断自我反思。自我认识是成功之路的起跑线、成功人生的根据地和智慧人生的发动机。教师只有充分认识和接纳自己，才能重塑自己，从而发展成为理想的自己。职业倦怠产生的重要原因，就是教师缺乏基本的反思和改进意识。因此，要想使自己的教育工作和生活充满活力，就必须坚持在工作中不断反思。自我反思是职业生涯设计的基础，自我反思要求认识自己的优势特长与缺点不足。对自己认识得越清楚,发展的动力就越充足。

(2)要对社会、学校和家庭等成长环境做细致分析。分析成长环境,是为了了解环境的特点,找出对自己成长有利的或不利的方面,弄清楚环境中自己可以利用的资源和需要的外在帮助,以及如何取得领导和同事的更多帮助,从而更好地确定自己的职业目标和成长的途径。

(3)要恰当地自我定位与设计具体的目标。这就是要求教师或班主任对自己有一个比较符合实际又有挑战性的定位。同时,从时间和项目两个角度把职业生涯划分为不同的阶段,在不同的阶段确立不同的目标和具体任务,进而把规划变成"承诺",让"承诺"变成行动,用行动创造成就。

(4)要保持积极的良好心态,脚踏实地地工作。心理学告诉我们,如果在做任何事情时都能假想"我能成功,我一定能行",就会比那些没有想象过的人更有成功的可能。每一个青年教师初上讲坛都充满了激情和梦想,想着在教学上有所作为,在工作中不断超越自己,做一名学生心目中的好教师。然而,很多人却在工作中逐渐倦怠,思想变得消极和麻木,行动变得迟缓和敷衍。与其不同的是,许多名师就在于始终坚守着自己的思想追求,坚守着对事业和学生的真爱,坚守着必胜的信念,在实践中不断地成长。

(二)习惯决定成败

班主任在教育管理过程中,都特别注重学生良好习惯的养成,因为从某种意义上说,教育就是让学生养成读书、思考、言行举止文明等各种习惯的活动。因此,班主任要知道,要想培养学生良好的习惯,自己就必须具有良好的习惯,只有这样,才能增强对学生的教育能力和人格魅力,提高工作质量和效率。然而,在工作中,部分班主任往往会忽视自身习惯的养成。在此,我们把一些优秀班主任身上具有的良好习惯加以总结和提炼,主要包括良好的阅读、研究、规划、放权、施爱、合作等习惯。

1.养成阅读的习惯

如今的学习化社会,养成阅读习惯是自我学习和提升的最佳途径。坚持阅读,特别是经典著作的阅读,尤为重要。阅读可以让我们与遥隔千载的先人们进行超越时空的精神对话，还可以快乐地寻找和搜集打开孩子心灵之门的钥匙，更能让我们的心灵之舟自由自在地采摘他人的成功经验之花。这些对于班主任和教师来说当然更有意义。

案例

苏联教育家苏霍姆林斯基在《给教师的一百条建议》里写道：一位有30年教龄的历史教师上了一节公开课，课上得非常出色。听课的教师们和视导员本来打算在课堂进行中间写点记录，以便课后提些意见的，可是他们听得入了迷，竟连做记录也忘记了。他们坐在那里，屏息静气地听，完全被讲课吸引住了，就跟自己也变成了学生一样。

课后，邻校的一位教师对这位历史教师说："是的，您把自己的全部心血都倾注给自己的学生了。您的每一句话都具有极大的感染力。不过，我想请教您：您花了多少时间来备这节课？不止一个小时吧？"

那位历史教师说："对这节课，我准备了一辈子。而且，总的来说，对每一节课，我都是用终生的时间来备课的。不过，对这个课题的直接准备，或者说现场准备，只用了大约15分钟。"

这段答话启开了一个窗口，使人窥见了教育技巧的一些奥秘……这就是读书，每天不间断地读书，跟书籍结下终生的友谊。潺潺小溪，每日不断注入思想的大河。读书不是为了应付明天的课，而是出自内心的需要和对知识的渴求。

正是由于教师坚持经常性的大量阅读，才得以不断地补充他的知识海洋，从而使备课工作变得比较轻松。"胸无点墨神难聚，腹有诗书气自华。"很难想象，一个几乎不读书的人能做到修养良好、内心丰富。教师和班主任工作的特点决定了终生要与阅读为伴，才会有更多的灵感。

2.养成研究的习惯

班集体建设工作，涉及几十个孩子，而且每个孩子各有特点，并处在不断发展变化之中。因此，班主任必须养成研究学生的习惯。苏霍姆林斯基和魏书生都是研究教育、研究学生的典范。在《班主任工作漫谈》中，魏书生写了他为教育学生张军而进行研究的故事。面对这个五科总分89分的孩子，他没有失望，没有训斥，也没有大肆布置作业。在详细分析、研究了张军的学习、性格等状况的基础上，它设计了一套行之有效的帮扶措施：首先引导张军改变对学习的态度，将受罪改为享受，去发现学习的乐趣。为激起孩子学习的信心，他让张军经常回忆自己以前最辉煌的时刻，给自卑的潜意识不断施加心理暗示。然后再引导张军制定周学习计划，一步一个脚印地努力，并告诉孩子：尽最大努力，对得起自己，也就无怨无悔了。

不难看出，班主任在工作中，很多时候看到的仅是学生或班级问题的表象。要想顺利解决问题，必须学会研究，学会保持良好的心态，和学生一起共同探讨，才能找到合适的方法。

班主任还要养成反思的习惯，其专业化水平的提高贵在学习和反思。美国心理学家波斯纳曾提出了教师成长的公式：经验+反思=成长。因此，可以说教师成长的过程其实就是一个经验总结和反思实践的过程。班主任在日常工作中一定要学会理性反思，对自己和学生的思想行为特点进行分析和总结，以更好地掌握其中带有普遍性的东西，不断提高解决问题的能力。班主任可以通过写作，来促进反思习惯的养成。通过写作，不仅可以让自己不断学习、思考和完善，实现知识的内化与升华，而且还可以和大师、伟人、同事对话，更好地梳理和丰富自己的思想和知识，从而获得更多的灵感与智慧。每一班主任都应对自己每天、每周、每月、每学期、每年的常规工作进行反思，把握其基本情况和规律，以便更好地开展工作。

3.养成规划的习惯

班集体建设工作千头万绪，为了确保工作有条不紊地开展，班主任应该对自己的工作做一些谋划，不仅包括规划自己的成长发展，还要规划自己的工作时间和任务，明确事情的主次先后，把最重要的事情放在第一位，特别是在做每一件具体事情时要有一个整体构思和比较清晰的工作流程，这样才会使自己忙碌而有条理、繁多而突出重点。例如，有的班主任组织班级活动，常常是按照确立主题、民主协商、制定方案、具体实施、优化改进、回顾总结等一系列的程序来进行；面对学生之间的矛盾冲突，则常常是按照及时制止、适度冷却、调查了解、谈心交流、互相谅解、携手进步的解决思路来进行。可见，只有善于做出规划，才能确保工作富有成效，当然更是优秀班主任应具有的基本素养。

4.养成合作的习惯

班集体建设过程中，仅仅靠班主任一人单打独拼是不行的，班主任要学会与学生、家长、同事、领导合作，其中比较容易忽视的是与学生、家长合作。首先，家长是班集体建设的一支重要力量，聪明的班主任总是能充分调动家长参与班集体建设，充分发挥家长的作用，实现家庭教育与学校教育的相互促进作用。其次，学生是班集体的主人和班集体建设的主体。班主任的管理最终是为了“不管”，让学生自主发展。因此，大凡优秀班主任往往都懂得班集体建设要充分发挥学生的积极性和能动性，并把一些权力下放给学生，尽可能给他们提供和创造一些锻炼、成长的机会。班主任扮演班级的神经中枢，起着协调、指挥作用。工作中分清哪些是“非我莫属”的事，只做好那些自己必须做的事情，不做或少插手那些学生能做而且可能做得更好的事情。这样，班主任既减轻了自己的工作负担，也让学生体会到自己的主人意识，更能让班集体建设工作成效显著。

5.养成会爱的习惯

爱学生是班主任的职业道德，但能不能、会不会让学生感受到爱则是一个重要的技巧问题。“烧火棍子一头热”是不行的，“爱你在心口难开”也是不行的。我们不是渴求爱的回报，但必须注意学会爱学生的方法和技巧。

某机构做过这样的实验：他们找了100名优秀教师，问“您爱学生吗？”每一位老师回答都是“是”。然后又从这100位教师所教的学生中进行随机调查“你的老师爱你吗？”、“你体会到老师对你的爱了吗？”学生的回答令人大吃一惊，仅有10%的学生说老师确实爱他们，绝大多数的学生回答是“没感觉”，这是一个多么可悲的现象！

可见，“有爱心”与“让学生感受到爱”是两个不同的境界。爱学生，不仅可以抓住机会毫不吝啬地赞美学生，而且更要有具体的行动。教育需要的爱是智慧的爱，是能走进学生心灵深处的爱。一个鼓励的眼神、一个期待的提问、一次真诚的谈话、一次有意的锻炼……都是爱的表现。优秀的班主任总是能捕捉教育契机,把自己的爱巧妙地传达给学生,不露痕迹地让学生知道老师在欣赏他、喜欢他。这样学生就能更好地做到“亲其师,信其道”,班主任工作也将会事半功倍。

6.养成关注细节的习惯

常言道:“细节决定成败。”班主任必须知道,自己的一些细微举动或者无意之语会对学生产生重要影响,入微的细心是做好工作的一个重要因素。“学校无小事,事事有教育;教师无小事,处处是楷模;管理无空白,时时能育人。”班主任在平时工作中,要用关注的眼光去研究细节,用发展的思维去处理细节,把一切的细节问题当成一件大事对待,尽可能不让学生敏感的心灵受到丝毫的损害。

总之可以说,一个人有什么样的习惯将影响着自己的未来。作为班主任应该养成的好习惯还有很多,但愿每一位班主任都能从细节做起,从自身做起,给学生树立“好习惯”的榜样。

(三)合理控制自己的情绪

作为班主任,在班集体建设工作中必然要对学生进行教育管理,工作的紧张、领导的压力、家长的误解、学生的抵触等必然会带来一些烦恼和矛盾,稍不注意就会冲开情绪的大堤,出现失当的行为。

学生毕竟是未成年人,从其年龄和心理特征上分析,不成熟是其应有的特点,犯错误是他们的权利。有的可能屡教不改,一错再错,有的可能偏偏在班主任强调某个问题之后“闯红灯”,有的可能恰恰在最不应该出问题的时候“捅娄子”。面对这些问题,班主任应正确认识学生思想教育的客观规律,保持冷静,做到尊重学生的个性,承认学生的差异。但是,在实践中就有一些班主任没有耐心细致地研究分析学生,一旦发现学生出现错误,往往只会火冒三丈,呵斥、劈头盖脸地对学生严厉批评,动辄还上纲上线,把学生说得一无是处,更有甚者丧失理智,任由情绪泛滥,讽刺、挖苦和体罚学生,给学生的身心都带来巨大伤害,有时还会留下终生遗憾。

案例

重庆一中学班主任汪某是教书30多年的老教师。2004年4月12日上午,女生小丁因昨晚学到很晚,导致上学迟到。汪老师一气之下,竟用言语侮辱小丁,说“你长得又矮又丑,连坐台都没有资格。”整个上午小丁都闷闷不乐,中午放学时偷着写下遗书,从学校的教学楼跳楼自杀。汪某被捕入狱。

不难看出,这个触目惊心的案例中是教师对自己的情绪缺乏基本的控制力,采取了错误的处理方式,导致了让他终生悔恨而又无法弥补的后果。因此,有人说,脾气暴躁的人不适合当老师,特别不适合当班主任,这话不无道理。班主任用愤怒、粗暴、恶劣的情绪,不可能真正维护自己的威信和尊严,反而会使师生关系更加恶化,引发学生对班主任更大的抵触、挑衅甚至鄙视。因此,可以毫不夸张地说,学会控制自己的情绪是班主任的一个基本素养,是开展班集体建设工作的一个重要前提。

班主任如何控制自己的情绪呢?

(1)应沉着、冷静,尽可能学会换位思考。一般来说,在遇到学生犯错误时,有责任心的班主任往往都会显出急躁情绪。但是,这时又恰恰需要用理智控制行为,千万不能感情用事,采取“硬碰硬”的教育方式,否则很容易发生师生冲突,不仅达不到教育学生的效果,还常常使教师处境尴尬。作为班主任要知道,大多数学生在犯错时,往往并不会意识到事情的后果,更不会故意给老师带来工作上的痛苦,特别是现在的青少年已经有了鲜明的社会性,他们身上具有这个时代的烙印:崇尚个性,藐视权威,要求民主、平等,喜欢独立思考,接受新事物快;但又缺乏责任感和感恩意识,脆弱、迷茫,学习压力大等。同时,他们对教师的要求很高,不仅希望教师能够站在他们的角度,理解他们所承受的压力,尊重他们的情感,爱护他们脆弱的心灵,平等地对待他们,而且希望老师能走进他们的内心世界,给他们的人生、职业、情感以个性化的指导等。学生的这些年龄特征和时代特点,迫切要求我们班主任更新教育观念,提高专业技能,更好地胜任自己的角色。因此,不管学生做什么事,班主任都尽量避免先入为主,更不能让一时的恼怒代替了教师应有的宽容和理解。抱着善意的态度对待他们，保护他们的自尊心，学会换位思考，心平气和地为学生着想，冷静地寻求最佳处理办法。只有这样，学生才会“亲其师，信其道”，才会信服教师的教诲。

(2)应学会调查和分析。“没有调查，就没有发言权”。对待学生的错误，班主任切忌主观臆断，武断处事，而应了解事情产生的原因和过程，摸清事实的真相，这样可以对症下药，有效避免问题处理的盲目性。比如，当班主任得知两个同学因谈恋爱发生了矛盾，你会怎么办？是大发雷霆、恶语呵斥，还是叫来家长弄得满城风雨，或是不敢处理推到学校把问题扩大吗？我想，作为教师都不应该这样去处理，以免因为小题大做或方法粗暴武断等造成尴尬甚至危险的结果。正确的方法实现控制好自己的情绪，深入调查，静观事变，等待一个更有利的时机，选择一种双方都能接受的方式。我们要做的是平心静气的“赏析”：要想到这是青少年成长中寻常的现象，要研究事件形成的原因和趋势，要根据学生的特点采取恰当的措施去充实学生的心灵。无论怎样，我们都要把自己美好的一面展示给学生，让他们的心灵充满阳光，充满希望和信心。当我们不堪重负想发泄时，想想孩子们内心深处的美好愿望，想想“孩子们来学校是受教育的，不是来受伤害的”，想想“如果我是孩子，如果是我的孩子”，那么，我们就会变得平和、耐心一些。无论如何，班主任都必须明确，我们面对的是“人”，而不是单纯的“事”；我们的目的是为了促进学生的发展，而不是单纯的解决“事”；如果因事毁了人，那就成了教育的悲哀。我们常说，做教师不仅需要有爱心，更需要有耐心。其实，所谓耐心就是面对棘手的事情或问题能冷静掌控自己的行为，选择一个更好的解决机会。而有耐心的前提就是要有好的情绪。

(3)教师要虚心寻求学生的监督。天天和学生打交道的班主任，无论你做多么充分的准备，总会发生一些偶然的事情或不愉快的问题，如果不控制好自己的情绪，说出过激的话或做出过火的行为，就会破坏师生关系，影响教学和班集体发展。然而，问题的关键在于，教师作为当事人，身处当时的情绪环境中，大多数情况下都很难及时意识到自己行为的失当，很难及时控制好自己的言行。因此，要想使自己能及时有效地调控自己的情绪，最好有一个外在因素的干预。由于自己的学生更多时间与班主任在一起，自然也只有学生最适合承担这一特殊的任务。教师要虚心寻求学生的监督，以更好地完善自己。

案例

过去，年轻气盛的我经常在班级对学生发脾气。一次上课时，因学生违反纪律，我大发雷霆。此后的几节课，我故意阴沉着脸。不久，在与学生的一次书信交流中，有一个同学说道："老师，你那天上课发火吓死我们啦！我们多么希望看到您的笑脸啊，看到您微笑，我们心里就快乐。"学生充满期待和信任的话语，既让我感动又让我羞愧。经过一番认真思考，我想到了一个可以帮助我及时掌控情绪的办法，即在班级设立"表情监督员"。我经过认真考虑，最终选择了位于前两排的两个聪明灵活的学生担任。我叮嘱他们：在班级或其他集体活动时，看到老师情绪激动时，就立即偷偷地摇手示意；如果老师没有发现，就再站起来假装向老师问问题，及时用语言、表情或手势等提醒老师。在这两名学生的帮助下，我比较好地控制住了自己的情绪。课堂上始终洋溢着对学生的关爱和轻松的笑容。两周的时间，就使我初步尝到这一措施的好处。从此，"表情监督员"就成了我的班级中特有的岗位。

控制情绪是一种艺术，需要学会一些调节和控制的方法，如话题转移法、娱乐冲淡法、锻炼宣泄法、自我暗示法、幽默化解法等。这样，才能凸显教育者较高的实践智慧。苏霍姆林斯基曾告诫教师不要把自己降低到学生的水平。可是，在现实中，当学生犯错时，我们却常常情绪激动地乱发脾气，结果不仅没有解决问题，反而是问题更加严重。事实也证明，训斥、谩骂甚至体罚都是班主任教育智慧缺乏和管理能力低下的表现。

教师的情绪，不仅影响到教育教学的质量，更可能影响孩子的发展。一位优秀班主任更是一位教育家，理应成为能自觉控制自己情绪的人，能够面对现代社会的各种挑战做出最具有智慧的选择，选择做自己能够胜任的工作，把自己最美好的形象展示给学生。

二、正确定位自己的角色

《中小学班主任工作规定》第二条规定："班主任是中小学日常思想道德教育和学生管理工作的主要实施者，是中小学生健康成长的引领者，班主任要努力成为中小学生的人生导师。"作为教师或班主任，要正确定位自己的角色，明确自己的作用。人们对班主任角色的认识，从"蜡烛"、"春蚕"到"人类灵魂的工程师"、"辛勤的园丁"，再到"学生成长过程中的重要他人"、"学生的精神关怀者"，不断地在发展。尽管争论还在继续，其内涵还在不断丰富，但随着课程改革的不断深入，在教育教学过程中教师或班主任应该扮演学生的合作者、帮助者和促进者的角色，已经成为人们的共识。

作为合作者，在教育教学中应该尊重每一个学生，给学生多一些说话的权利，让学生参与班集体建设，多和学生商量班级建设中遇到的问题或学生个人遇到的问题；作为帮助者，应该把握每个学生的特点和需求，多站在学生的角度思考问题，时刻向学生伸出援助之手，帮助学生解决学习发展过程中的问题，做好学生的人生导师；作为促进者，应该明确每个学生的原有基础和发展状况，正确看待学生之间的差异，激发学生内在的发展潜力，多创造一些条件和发展的平台，让学生不断地超越自己。作为对学生一生影响重大的班主任老师，如果不能很好地了解学生，也不知道如何调动学生的积极性，与其在一旁指手画脚，倒不如让学生自我发展。许多时候，正是因为班主任的武断、急功近利，使学生的心灵受到深刻的伤害，给学生终生留下无可挽回的遗憾。下面案例中班主任的做法就值得我们思考。

案例

周一早饭后，班上的小伟跑来报告说，自己放在铅笔盒里的100元钱不知被谁拿去了，经过分析，再回想起班上小军有过偷拿学生钱的往事，我就断定是小军所为，但这次没有确切证据。在对全班同学教育两次后，依然没有人出面承认。一怒之下，我大声呵问小军："是不是你拿的，还不赶快承认！"在全班同学鄙夷的目光中，小军朝我瞪了瞪眼，气呼呼地跑出了教室。

第二天，小伟的奶奶来到学校告诉我，小伟周末回家说，前几周在学校生病打针的钱是借同学的，一直没还。小伟返校时，奶奶曾给他100元钱。可小伟走后，奶奶却发现那100元钱还放在书桌上，忘记带了。奶奶的话让我既惊讶又惭愧，小伟自己也恍然大悟，说当时自己准备把钱放到铅笔盒里，结果铅笔盒没找到，就临时往书桌上一放，走时被同学一喊就一块来学校了，匆忙中忘记了带钱。

后来，尽管在全班同学面前我郑重向小军道了歉，但我看到的再也不是那张带着顽皮与机灵的脸。不久，他就退学了。经过多次家访，他也没能返回学校。虽然他腼腆地告诉我退学另有原因，但我知道，作为班主任我曾经深深地伤害过他。现在反思我的行为，用过去的、偶尔的表现来衡量他现在的行为，作为一个老师来说真是有点愚蠢，对孩子来说是多么的不公平，因为教师的错误判断伤害了学生内心的自尊。

从这个案例不难看出，作为班主任一定要清楚，我们不经意的一句话、一个举动或许会关闭他生命走廊中的一扇窗，而我们一次真切的关怀、一句真诚的鼓励也可能会在学生心中播下希望的种子，为他的生命多开启一扇通向光明前途的门。

班主任老师如何正确定位自己的角色，国外的许多教育理念值得我们借鉴和学习。

据说，在美国盐湖城奥运会时，中国代表团曾到当地一所学校访问，并带去了许多中国手工书包，说是送给最优秀的学生，这下可难住了校方，因为他们自己根本不知道谁是最优秀的学生。因为在他们看来，每个学生的成长都是发展变化的，如果给某个学生带上一个“最优秀”的帽子，无论是对这个学生还是对其他学生都是一种伤害。Tom写作很好，John篮球出色，Jack手工不错，他们每个人都是最优秀的。

可见，这显然与我们中国人对优秀学生的认识截然不同：中国人以单一的学习成绩为标准，会轻易武断地给学生下结论、贴标签，在老师眼中只有所谓优秀的少数几个人,而美国人则是以多元评价为核心,始终对学生报以希望和期待,并平等地尊重每个学生。当然,班主任老师即使有了新的认识和理念,也不等于就有了恰当的教育行为,还需要彻底改变头脑中一些传统的、陈旧的、曲解的观念,有意识地把现代的、发展的、科学的教育理念贯彻渗透到育人的每一个细节之中。我们切不可把学生的过错,有的甚至是无心的过错,武断地归结为道德品质问题、思想意识问题,对有的过错不必抓住不放,更不必大肆宣扬。例如,对学生的早恋问题,不应看作是一种错误,解决的方法也不应该是简单的批评训斥,甚至给予处分。相反,班主任老师应明确早恋是青少年身心发展过程中的正常现象,与思想品质好坏没有绝对的关系。解决的有效办法在于倡导一种集体舆论环境,让同学们认识到,早恋不可取,吃未熟的果子只有苦涩,可以把对异性的好感暂时“冷冻”起来,并将其化作学习的动力,等以后学有所成再大胆追求。

班主任老师既是学生的“经师”,也是学生的“人师”,要帮助学生规划人生的未来。“教育应回归生活”、“教育应尊重生命”、“为学生的一生发展奠基”,这些教育理念日益被大家所接受。因此,班主任应对学生充满人文关爱,满足学生的自主意识,相信每一个学生都是一个尊贵的生命个体,指导和促进学生更好地展现个性。

三、制定班集体工作计划

“急难险重必须到位,事务连绵终日疲惫;一日三餐时间不对,学生纠缠心力交瘁;花样检查仓促应对,各种评比让人崩溃。”这是流传在网络里的一段顺口溜,生动形象地描绘了许多班主任忙碌、无序、倦怠的生活,真让人有些心酸。然而,班主任如果能对自己的工作有一个比较清晰的思路和预设,工作起来可能会忙中有序。

“凡事预则立,不预则废。”不管做什么事情,事先都要有明确的目标,都要有一个详细的打算和安排,只有预先做好了安排、准备、计划,才能把事情办好。纷繁复杂的班主任工作更是如此。

这里说的班集体工作计划,是以班集体建设为核心,以班主任为主导的班级所有力量都参与、思考、讨论、规划而形成的,它真正体现现代班集体的要求和特点。班集体是师生共同学习、共同发展的成长共同体,班主任是其中最主要的组织者、管理者、规划者和推动者,在影响班集体的众多因素中起主导作用。但是,学生、任课教师甚至包括家长等都是班集体的成员。因此,在制定班集体工作计划时,班主任必须广泛征求大家的意见和建议。

班集体工作计划以一个学期或学年为时限,以学校工作计划为依据,并根据学校培养目标、班级特点、学生发展需求、学生家长愿望等精心制定。在实施过程中还可以根据实际情况加以修改、补充、调整和完善。其主要内容包括以下几个方面:

(一)确定班集体奋斗目标

要建设一个优秀班集体,首先必须有一个明确的奋斗目标。班主任通过多种渠道,采取多种方式了解班集体的基本情况以后,指导班集体提出奋斗目标。

班集体奋斗目标主要有班主任和学生通过民主商议的方法来确定。这样,可以使目标更符合班级和学生的实际,有针对性和可行性。同时,目标是学生自己提出来的,更符合学生的愿望,使目标在实现过程中更具有激励作用,更好地发挥学生的主观能动性。民主确定目标可以采用自下而上的形式,即先有每个学生提出自己的想法,然后分小组汇总、讨论、修改,再提交班委会汇总后,由师生一起讨论形成;也可以采用自上而下的形式,即由班主任先提出目标草稿,再交由小组讨论和修改后汇总出“准”目标,最后由全体同学讨论通过制定出总目标。

如果不能及时民主讨论制定,也可以由班主任根据教育教学形势要求及对学生的了解首先提出目标,然后通过引导学生讨论交流,让学生明确为什么要确定这样的奋斗目标以及怎样实现目标,从而使全体同学认同目标并为之而付出努力。如果不能制定长期的工作规划,还可以像接力赛一样,用大家的实际行动不断实现一个个近期目标,最终不断完善和实现班集体的奋斗目标。

(二)分析师生基本情况

(1)教师群体状况。主要是班主任和任课教师在教学业务、学生管理以及个人性格、爱好等方面。如班主任个人业绩和管理经验,各科任教师的教学风格等。

(2)学生状况。主要包括学生的籍贯、性别、年龄、体质等自然状况和学习、思想、行为等基本情况,前者如男女搭配比例会影响班级的管理方法等,后者如优秀生与后进生的人数、班级整体精神风貌等。

(3)家庭情况。主要包括学生父母的职业、学历、经济状况及其父母对子女的期望和要求,家庭环境、上学交通安全等,特别是对留守儿童、异常家庭等现实问题的思考和对策。

(三)班级管理的方法与措施

(1)班集体管理。主要包括班集体建设的指导方针、班集体的结构和发展方向等。

(2)常规工作管理。如班规制定、班委会制度、卫生、评优制度等。

(3)学习指导管理。如学习指导的指导方针、学法指导活动安排、小组与个别辅导计划等。

(4)生活指导管理。生活上的规定、公约,同德育、班会活动、学校例行活动的联系,安全保健、课外生活等。

(5)教室环境管理。班级环境建设的设想,空间的利用与管理,展示、告示的布置等。

(6)学生个性化指导。对智力超常或落后学生、伤残生等特殊学生的管理与指导。

(7)家校合作管理。同家庭的联络方针及其计划,如家庭访问计划、家长会计划等。

(四)具体活动安排

根据学校工作安排,把一学期或学年内班集体要完成的主要工作和活动等逐月逐周地列出清单,一般可采用“一览表”的样式,明确“做什么”、“怎么做、“谁来做”、“什么时间做”等基本内容。这是整个班集体工作计划的重点,需要大家用心思考。

班集体工作计划的制定,只是班主任工作创造活动的开始,工作计划的贯彻实施才是班主任工作过程中时间最长、任务更为艰巨的一个重要环节，更需要班主任倾注全部的精力、情感和才智。

四、良好的开端是成功的一半

常言道："良好的开端等于成功的一半。"班主任假如能做到第一次和学生、家长见面时，就能让他们对班级管理和班集体建设的设想有充分的了解，进而达成共识，必定能为以后的工作开展奠定坚实的基础。

不论是一个新的学期，还是一个新的学年，每次开学的第一天，学生都希望能得到班主任和老师更多的关注。班主任应充分利用这一机会，让学生感受到新的希望，特别是要让学生感受到班主任对其寄予新的期望。因此，班主任在开学的第一天，一定要改变传统的"先填写表格，再约法三章，最后才努力激发学生对你和班级的兴趣"的做法。首先，要利用这个宝贵的时间先抓住学生的心，可以和学生交流一下彼此的趣事，或展示过去班级的精彩瞬间，然后再和学生一起共同努力实现班集体建设的任务。其次，班主任要重视开学第一次的家校联谊会。家长会满怀着对班主任的期待走进班级，希望能对班主任的学识、能力、人品、性格等有一个初步的认识，也希望能对自己孩子所在班级的组成、师资、管理措施、班集体建设目标等有所了解。因此，班主任能否通过自己的精心设计展现自己的能力和魅力，获得学生和家长的信任，将直接影响今后的工作能否顺利开展。可见，家校联谊会有着特别重要的意义。班主任要做好充分的准备，进行精心的设计和安排，注意从以下几个方面认真思考：

（一）突出创新

第一次见面，要想给家长和学生留下深刻的印象，最好是"一见钟情"，让他们从心底佩服，不能落入俗套，不论是教室环境的布置、设计会议的组织形式，还是会议内容的安排，都要突出创新，尽可能"出乎意料"，产生"让人眼前一亮"的效果。

案例

开学前一天一早，我又像以往一样去了学校。我首先打开教室门窗，紧接着又迅速地摆桌凳、抹桌面、擦玻璃、拖地面……一气呵成，早已经是大汗淋漓。然后我又在黑板上写下“相聚三年，幸福一生！”这八个彩色大字。之后，走到教室门口环顾四周，感觉有些空荡，我就挂上曾为春节晚会买的6个红灯笼。哇，终于有些节日的气氛！接近中午，我又把临时座次表贴在门外醒目的位置。喘口气，满意地看着自己的成果，我真想大声说：“孩子们，看！这就是咱们温馨的教室！”

下午，我根据掌握的学生信息，给学校附近的几个学生打电话。“小伟，祝贺你成为我们幸福三班的一员。我是你升级之后的新班主任郑老师，现在请你帮我一个忙，好吗？”或许是我的电话出乎小伟的意料，电话那头传来惊喜的声音：“好啊，老师您说吧。”“你离学校比较近，能否明天上午早些到校，和我一起迎接我们班的学生和家长？”听到老师如此的信任，小伟更是有些激动。于是，我“得寸进尺”。“老师首先谢谢你。不过，我还想求你帮忙。你去找找文浩、云亮，他们也都在咱班。开学事多，你们能否一块早到？”听到老师这样的恳请，谁也不好意思拒绝。

晚上，在经过一番思考之后，我最后确定了联谊会的流程，并制作了相应的课件，里面特别插入了我苦心搜集到的学生的照片，目的是想给他们惊喜。睡前，我又再次浏览了一遍学生的名单。梦中我正在台上激情地演讲。

（二）注重细节

俗话说：“细节决定成败。”无论怎样，班主任与家长、学生的第一次接触都是非常重要，班主任应做好每一个细节。首先，班主任应通过多种渠道全面了解学生的情况，包括原任课教师、学生档案等。其次，要充分考虑各种有可能出现的情况，积极预想家长或学生有可能要询问的各种问题，并准备好处理预案。再次，要时刻注意自己的衣着打扮、言行举止，如能做到服装得体、微笑问候、态度谦虚等，都会给人留下非常好的印象。最后，班级的卫生状况、布置摆设等，也来不得半点马虎，切忌随意和粗糙，如整洁有序的环境会给人以清新、舒适，激励人心的欢迎标语等会给人以亲近和鼓舞。

（三）以诚相待

班主任对待家长和学生应真诚相待。开学前几天，可以通过电话、网络等形式，了解学生的希望和要求，并叮嘱他们准备好生活学习用品。同时，也向家长发出诚恳邀请，为了更好携手帮助孩子成长，开学第一天务必准时参加一个简短的联谊会。再者，在这次联谊会上，班主任力求用一颗对教育、对学生、对班级的赤诚之心把大家感动。

总之，班主任如果从开始就能让学生感受到对他们的真诚和爱，那么在以后的日子里，不论是班级管理工作还是班集体建设工作，都将得到学生意想不到的回报和支持。

五、运用好集体负责精神

班主任在工作过程中，常常在和家长交流时发现，有的孩子在家很任性，而在学校里则判若两人，对老师"唯命是从"。分析其原因，学生在学校里除了教师的教育和影响外，学生集体的感召力也是一个非常重要的因素。其实，学生在集体的怀抱里成长，对自己的同学和班级会有一种特别的感情，很乐于参加集体活动，从某种意义上说，学生对集体的荣誉感和责任感往往比成人更强，这是学生身上特有的可贵品质。因此，班主任充分利用这一特点，运用好集体负责精神，有利于进行优秀班集体建设，同时还有许多优势。

(1)有助于培养学生的集体主义精神。由于评定集体的道德面貌等诸多方面，学生自然而然地将自己的表现同集体的荣誉和利益紧密联系起来。一方面，个人对集体负责，因为如果自己的一言一行直接影响到集体的利益和荣誉，那么每个人在做事情的时候都要想想对集体是有利还是有害；另一方面，集体对个人负责，优秀的集体是全体成员共同努力的结果，要想让所在的集体先进，必须调动大家的积极性，绝不能让任何一个人掉队。

(2)有助于培养学生的自我教育能力。通过平行教育影响，变过去教师与学生之间单向型教育为教师与学生、学生与学生、学生与集体之间的多向型教育，扩大了教育途径和范围，更多地让学生在活动中锻炼自己，提高自我管理的能力，同时还能帮助、监督其他同学，共同取得进步。

(3)有助于增强学生的竞争意识。一个优秀班集体必定是充满活力和生机，学生有很强的竞争意识。而在平行教育过程中，每个学生为了集体的荣誉感都会积极行动起来，不甘落后，积极进取，这将会使班集体中形成你追我赶的氛围，彼此相互竞争。

班集体建设过程中，可以尝试进行平行教育。先在全面评价学生德、智、体、美、劳的基础上，将班级划分为若干个“势均力敌”的小组(中途根据需要也可以适当调整)，平时对每一个学生的得失表现，均以其所在小组的名义，从班集体的角度加以评定，从而达到用教育集体的方法来教育每一个人，让学生在集体负责的精神激励下，逐步形成良好的道德品质。

进行平行教育，可以采取“集体—个人—集体”这样一种“评定、引导、激励”的方法[①]，即综合评定学生集体(一般以小组为单位)的优劣表现，然后引导学生分析每个人的得失因素，最后针对学生实际对其所在集体提出要求和希望。在教育过程中，学生们的竞争心理表现突出，每一个人的所作所为，会引起许多人的关注和评论，大家在平时十分注意搜集自己和其他同学的“材料”，以便在评定时战胜其他小组而使自己所在的小组取胜。这样，在班级同学中自然就形成了正确的集体舆论：人人都要对集体负责。为了鼓励学生发扬优点，克服缺点，可以班级中开展“什么是真、善、美”等专题讨论，充分发挥学生集体的教育作用。例如，针对学生个人卫生差的问题，可以在班级中开展“比一比哪个小组卫生好”的竞赛活动，学生为了自己所在的小组不落后，彼此互相监督，发现问题及时提出“忠告”，结果在评比时全班的个人卫生就会不错。

进行平行教育，可以经常性地开展各种竞赛活动。根据班级学生的教育重点和薄弱环节，设计开展各种内容丰富、形式活泼的竞赛活动。在开展活动时，大多以小组为单位记录比赛成绩和优缺点，同时也与个人挂起钩来。在开展活动时要注意多给学生提供表现的机会，一次不彻底，下

①赵海霞.班集体建设智慧与策略[M].长春：东北师范大学出版社，2010:211

次变换形式再来，真正地让学生扬长避短。

案例

一位班主任针对班级不少学生作业书写不工整的问题，在班上举办了一次作业展览，按标准给各人打分，再按小组计算总分，并张榜公布。在总结时，班主任说："这次作业展览，由于大家努力，收获不小，经过评定其中第一、四两组总分最高，其他两组也不错，只是有个别同学不够好。"这时，只见第二、三组同学对个别书写不好的同学表示不满，个别同学也感到羞愧。接着班主任又说："对于书写好的同学，我们要虚心向他们学习，对个别书写差的同学，我们也不要过多地责怪他们，大家有责任帮助他们，因为他们是我们集体的成员。过两周我们再进行一次作业展览，比一比哪些同学进步了，大家说好不好？"学生齐声回答"好"。事后，个别书写差的同学，天天有人帮助。到第二次作业展览时，个别书写差的同学就赶上来了，班主任及时表扬了这些同学以及他们所在的小组。通过竞赛活动，不仅班级同学作业的书写工整，而且活跃了班级的竞争氛围。

加强信息交流，及时总结提高，是有效进行平行教育的保证。由于学生年龄小，做事情喜欢"立竿见影"，对那些"看不见"的做法往往缺乏恒心和毅力。因此，在教育过程中，班主任要牢牢抓住"及时总结，及时反馈"这一关键，充分利用有效的机会，如班队会、板报、墙报等，及时交流学生们的信息，进行总结评定以及表扬批评，给学生提出切实可行的努力目标，让他们集体讨论、制定计划，并进行自我鉴定，以进一步强化平行教育效果。

思考题：

[1]建设优秀班集体有哪些意义？

[2]优秀班集体建设的指导思想有哪些？如何在班集体建设中贯彻？

[3]搜集并分析你在班集体建设实际工作中运用了哪些策略及其成效？

第三章　合理设计班集体目标

班集体管理的一系列活动都旨在实现一定的班集体目标。从某种意义上来说，这是班级管理的起点。正是因为有了既定目标，管理活动计划的制定、实施才有一个准绳，以便达到既定效果。

第一节　班集体目标的含义及特点

谈到做某件事时，我们常说，我们的目标是什么，我们要达到什么样的目标。这里的目标，其实质就是我们活动计划的终极指向，活动中的所有行为都是为了达到某种目的，完成某种目标。目标有个人目标也有集体目标，那么目标究竟是如何定义的呢？人们从不同角度给目标下了定义。行为科学家认为，目标是外在的，是由动机所引起的、能激励人去追求的、有价值的东西。也有学者认为，目标是某一行动所要达到的最终目的，是要争取达到的某种预想结果的标准或状态。综合以上说法，我们认为，目标是人们或组织在一定条件和一定时期内，通过行动所预期的方向和要达到的一种结果、标准或状态。

根据目标的定义，可以给班集体管理目标下个定义。所谓班集体目标，就是班集体主体通过一系列的管理活动，在一定时期内使班集体达到一种所期望的状态。换言之，就是班集体师生通过实施一系列的管理职能，希望把班级办成一定样子，沿着一定轨道发展，最终达到一定规格。

班集体管理目标具有指向性、社会性、层次性、可行性和集体性等特点。

所谓指向性，是指作为人们所追求的一种未来结果的目标，总是指向一定方向。它为组织或个人指明了奋斗的方向，展现出预想的前景。不体现一定方向的目标是不存在的。班集体管理目标体现了班集体建设的基本理念，是班集体管理者通过管理活动所希望达到的一种未来的结果和状态。班集体管理目标可以为班集体组织成员的行动指明前进方向。

所谓社会性，是指班集体是一个社会组织，它是整个社会系统的一个组成部分。学校的发展要受到社会政治、经济、文化等因素的制约。班集体作为社会组织，它的管理目标要与社会性质、社会发展的总目标统一方向。根据义务教育法的规定，我国学校的管理目标必须体现我国的社会主义性质，要贯彻党和国家的教育方针、政策、法律法规，班集体管理目标也是如此。

所谓层次性，是指班集体作为一个团队，其目标的实现需要多个层次目标的实现。班集体管理目标是班集体建设的方向和标准，是比较抽象、纲领性的目标。必须将目标分解为各个层次的子目标，才能实现总目标。

所谓可行性，是指班集体管理的目标是班集体学习和发展的方向，只有付诸实践才能有效果。因此，班集体管理目标的制定必须结合班集体的实际情况，符合班集体管理的规律，具有可行性。班集体管理目标必须是经过努力可以实现的，必须有具体的内容可操作，而不是一个口号性的纲领。

所谓集体性，是指班集体本身是由许多个体共同组成的，这就决定了班集体管理的目标不仅要考虑班集体自身的发展，同时更应该兼顾班集体中每个成员的发展和需要。

一个班集体有了集体的奋斗目标，在实现目标的过程中会产生激励效应，形成强大的班级凝聚力。每一个集体目标的实现，都是全体成员共同努力的结果，因而在实现目标的过程中能够分享集体的欢乐和幸福，从而形成集体的荣誉感和责任感。

优秀班集体的建设与维护是以树立共同的奋斗目标为前提的，正确的奋斗目标是维系师生为之奋斗的共同纽带，是班集体前进的动力。

案例

目标管理绽笑颜

新学期，我接手这个班时，据其他老师反映，这个班很难管，有不少问题学生,思想差,成绩差,纪律差,自由散漫,学习态度不够端正。当我经过一周时间的接触后发现果然如此。虽然开学前做好了思想准备,但我感觉要带好这个班,压力还是很大的。

开学一周了,值日生不知道自己的时间和职责(值日表已经张贴在墙上且开学第一天班会课当众宣读)。大多数同学卫生意识差,吃过的零食和包装袋,以及透明胶带等到处乱扔。上课时,经常要停下来强调纪律,课堂教学被多次打断,影响了教学效果。下课后,有几个学生总喜欢下去溜达一圈,从厕所逛到小店,往往是在上课铃响后或是老师已经开始上课了才陆续地走进教室,嘴里虽然喊着报告,但还不等老师同意就直接冲进来。有时我偷偷观察任课老师的表情,在任课教师的脸上从未看到过满意的笑容。同时我也发现了有几个同学,学习态度端正,行为表现突出,工作能力较强。

通过一段时间的观察、接触、了解和分析,发现这个班主要存在以下几个问题:一是缺乏行为规范的养成,没有良好的行为习惯,例如:卫生习惯、上课习惯、文明礼仪习惯等,自由散漫,有些不良行为已经“习惯成自然”了,他们根本认识不到;二是班级缺乏凝聚力,缺乏正确的舆论导向,正气不足,一些班干部、团员起不到应有的作用;三是学习目的性不够明确,后进生较多,无优秀生。我认识到要带好这样的班级,必须从常规抓起,矫正部分学生的不良行为,用真诚和爱心来打动他们,让学生真正体会到老师对他们真诚的关爱。因此,我组织引导班集体,自主讨论、认真制定了班级管理的计划和目标。首先,学规范,抓规范,从仪容仪表开始;其次,树立班级正气,培养班级“模范”;最后,搭建平台,通过活动,增强班级凝聚力,转化后进生。通过对班集体目标的合理设计与落实,学生的仪容仪表明显改观,自我约束能力和集体意识得到强化,学习态度有所端正,集体荣誉感逐步增强。努力就有回报,老师、学生和家长的脸上绽放出了幸福的笑容。

本案例是一个合理设计、落实班集体目标的成功范例。班主任能够根据实际情况，针对班集体存在的一系列问题制定出一套切实可行的班级管理方案。对症下药，方能医治好疾病；有了舵，航船才不会有偏差。正确的目标是成功的前提。让班干部组织学生讨论，确立班集体目标及班规，以此来培养他们的主人翁意识，进而形成良好的班风班纪，不失为一种上策。培养班级"模范"，通过"模范"引领带动全体，使每个班级成员有了前进的方向和动力，有利于优秀班集体的形成。

第二节 班集体目标的分类及内容

按照不同的划分方式，班集体目标可以分成不同类型。按照预期时间长短可将其分为长期目标、中期目标与近期目标；按对象可分为集体目标、小组目标与个人目标。

一、按时间长短

苏联著名教育家马卡连柯的平行教育理论认为，在集体的教育目标中既有远景性的，又有中景性的和近景性的。这个理论提示我们，在制定班集体目标时，要考虑到层次性和递进性。据此，班集体目标可以分为长期目标、中期目标与近期目标。

1.长期目标

长期目标可以理解为在校学习阶段的总的奋斗方向。班级的长期目标应该是培养德、智、体全面发展的社会主义事业的建设者和接班人。使学生了解和初步掌握马克思主义的基本观点；热爱伟大的社会主义祖国，拥护党在社会主义初级阶段的基本路线，树立为祖国富强、民族兴旺而学习的志向；养成勤劳、节俭、文明、礼貌、遵纪守法、保护环境的道德习惯；形成诚实、守信、自尊、自强、坚毅、勇敢的个性品质。所以，这个长期的目标是让学生人人学会做人，班级学风浓厚，纪律性强，团结、守纪、求实、进取。

班集体的长期目标，具体表现在以下几个方面：

(1)德育方面。使学生有爱祖国、爱人民、爱劳动、爱科学、爱社会主义的思想感情,初步具有为人民服务和集体主义思想,具有守信、勤奋、自立、合作、乐观、进取等良好的思想品德和个性品质,遵纪守法,养成文明礼貌的行为习惯,具有分辨是非和自我教育的能力。

(2)智育方面。使学生掌握必要的科学文化知识和基本技能,具有一定的自学能力、动手操作能力,以及运用所学知识分析和解决问题的能力,初步具有实事求是的科学态度,掌握一些简单的科学知识。

(3)体育方面。使学生掌握锻炼身体的基础知识和正确方法,养成讲究卫生的习惯,具有健康的体魄。

(4)劳动技术教育方面。使学生学会生活自理和参加力所能及的家务劳动,初步掌握一些生产劳动的基础知识和基本技能,了解一些择业的常识,具有正确的劳动态度和良好的劳动习惯。

长期目标是班集体的最终奋斗目标。制定长期目标,应根据班集体和学生实际,确定建班方针,使学生德、智、体、美、劳全面发展,班集体具有鲜明特色。

2.中期目标

中期目标可以理解为一个学年度的奋斗方向。每个学年度的班集体奋斗目标都是长期目标的子目标,都为实现长期目标服务。在政治思想方面:培养热爱党、热爱社会主义、热爱伟大祖国的思想感情;正确处理个人前途与社会需要的关系,树立为集体、为民族做贡献的献身精神。道德行为方面:具有国家、集体、个人三者利益相结合的,先国家、集体后个人的集体主义精神;养成遵纪守法、艰苦奋斗、独立自主的良好行为习惯和较好的生活自理能力;遵守社会公德,对不良影响具有一定的辨别抵制能力,养成不怕困难、不怕挫折勇于创新的优良品格。智力培养方面:具有正确的学习态度、科学的学习方法、良好的学习习惯,形成求实、探索、团结、进取的学风,成为智能型的人才。

中期目标是长期目标的分解,它在体现班集体总目标的前提下,使目标更加具体。通常情况下,班集体中期目标是班集体年度工作计划的重要组成部分,也是班集体年度工作努力的方向。制定中期目标,可以在完成总目标的某一两个方面有所侧重,以期收到最佳效果。

班集体中期目标：形成良好向上的学风、班风，要努力争创“先进班集体”，要从班风、学风等入手，增强班集体凝聚力，建立文明、和谐、健康、向上的班集体。

（1）做好班集体环境建设，让每堵墙都说话，布置教室，发挥班集体文化教育。

（2）做好班风建设。通过班会课，以及一些主题活动，让学生形成良好的行为习惯，促使班级集体成一种文明、乐观、向上的氛围。

（3）抓学风建设。通过设立一对一帮助小组，以及制度措施，在班集体形成一种爱学习、重读书的氛围。

（4）开展丰富多彩的班集体活动，丰富学生的校园生活。

（5）进行经常性的心理健康教育，促进学生的身心健康。

（6）班级学生自主管理能力逐步提高。

3.近期目标

长期目标是组建班集体的最终目标，组建优秀班集体的全部工作都是为了使全班学生朝着这个方向去努力去奋斗。但是，这是一个渐进的过程，组建班集体工作的重点，应放在中期，尤其是近期目标的设置与实现上。

近期目标可以理解为每阶段教育所要达到的目的。应体现在每次精心设计的教育活动之中。开展活动的目的是为了培养学生的集体主义精神和助人为乐、热爱劳动的优良品质，以及一定的组织能力和实际操作能力等。

案例

近期班集体品质教育目标

亲爱的家长朋友们：

前一段时间我们着重在培养孩子的集体意识，同时也在对孩子进行爱的教育。在这个阶段里，我们主要目标是：通过各种活动和讲解，激发孩子的集体意识，让孩子树立起“爱，就要用行动表示”的观念。让孩子认清自己在班集体中的地位和作用，让孩子明了自己应该把心中对父母家人、老师同学的爱化成行动。

现阶段，我们开始把培养目标转移到“责任”和“诚实”上来。培养孩子的责任意识，让孩子学会对自己的行为负责任，树立起他们的责任心。让他们真正理解诚实是什么，诚实表现在哪些方面，从而让孩子拥有良好的道德品质。我们也会相继开展各种活动来深化，将这些概念具体化。请家长朋友们在与孩子交流的过程中多谈相关的内容，让学校教育和家庭教育达到和谐统一，从而整合教育资源，形成教育合力，以达到更好的教育效果。

多谢合作！

唐老师

2012年12月8日

近期目标往往通过班集体组织的各种活动来实现。它在书面表达上应该鲜明具体、生动感人、催人奋进。要不断地根据班集体建设的新发展予以充实，不断展现出新的前景，以吸引班集体的所有成员，激发他们的责任心、荣誉感，鼓舞大家为达到预定目标孜孜以求，使班集体始终朝气蓬勃，不断前进。

二、按对象

根据实施对象不同，班集体目标可分为集体目标、小组目标与个人目标。首先是班级集体目标，在班级集体总目标设置的基础上，通过自上而下层层分解，将班集体目标分解成若干个小组目标子系统。小组目标子系统主要指出勤、纪律、作业、两操和卫生等常规项目的目标，是集体目标的进一步具体化。之后，小组目标再分解到个人目标。个人目标指的是每个学生根据各自的需要、兴趣、性格、意志、情感、品德和学习等特点，结合集体目标和小组目标，为发展个人特长与才能潜力、培养创造精神而精心设计的最佳发展路线和具体目标。

集体目标、小组目标与个人目标三者相互之间具有双向反馈的机制。集体目标、小组目标包涵个人目标的合理因素，个人目标则以集体目标、小组目标为导向，这样，彼此之间就不会方向各异，互相抵消，甚至内耗。

同时，在小组目标和个人目标的基础上，集体目标又通过制定相应措施、制度，自下而上层层加以保证和落实，并进行整合，使各目标之间取得平衡，最终形成一个纵横交错、协调一致、保证集体目标实现的班集体管理目标体系。

案例

小学二年级某班

1.班集体目标

(1)教室窗明地净，布置活泼向上；

(2)和睦相处，合作共进，成为年级最好班级；

(3)真诚待人，团结进取，班风良好；

(4)养成良好的卫生、学习习惯；

(5)培养好读书、读好书的阅读兴趣。

2.小组目标

(1)优势互补；

(2)合作共赢；

(3)每个人都发挥自己的长处；

(4)组内一起学习，配合默契；

(5)争取成为班集体最好小组。

3.个人目标

(1)认真完成班集体的每个任务；

(2)专心听讲，主动探究，争取每节课都有收获；

(3)本学期读5本好书，学做读书笔记；

(4)积极锻炼身体，多帮助同学；

(5)积极团结协助其他同学，共同推进班集体工作，分享集体荣誉。

第三节 设计班集体目标的基本要求

班集体管理目标的建立,是班集体管理的出发点和归宿。应该说任何管理模型的构建仅仅是一种方式方法,只有达到规定的目标,才能衡量一种模式的优劣,甚至是成立与否。因此,管理目标的设定和管理模型的建立与操作有着决定性的关系。班主任是班集体的组织者、指导者、联系者与参与者,管理的对象和目标的实现者又是学生,而且不同年级的学生有着不同阶段的特征。因此,班集体目标的设计应遵循下列要求:

一、方向性

目标犹如航标,指引着航船沿着正确的方向到达彼岸。班集体管理目标体现了班集体建设的基本理念,是全班师生共同努力的方向,是全班统一认识和行动的纲领,是国家的教育方针及学校培养目标在班集体建设中的体现,也是学生身心发展水平的反映。因此,设计班集体奋斗目标一定要考虑到方向性。

二、可行性

确立班集体奋斗目标必须实事求是,既符合社会的要求,又符合学校的要求,更要符合班集体的实际和学生的生理、心理发展特点,思想觉悟、生活经验及班集体发展水平等实际状况。在充分总结班集体过去的工作情况和现有水平的基础上,提出适度的目标。只有适合学生的需要、兴趣和愿望,才会有广泛的群众基础,才会有实现的可能性;否则就难以为全班学生,至少是大多数学生的认同,因而也就难以调动学生实现目标的主动性和积极性。

三、激励性

班集体奋斗目标,是激励学生为之奋斗的动员令,它在书面表达上应该鲜明具体、生动感人、催人奋进。要不断地根据班集体建设的新发展予以充实,不断展现出新的前景,以吸引班集体的所有成员,激发他们的责任心、荣誉感；鼓舞大家为达到预定目标孜孜以求，使班级始终朝气蓬勃，不断前进。

四、渐进性

实现班集体奋斗目标不能操之过急，要注意它的渐进性。近期目标是依据中、长期目标而设计的；中长期目标又是通过近期目标的不断达成而逐渐实现的。一个近期目标实现之后，经过认真总结，及时根据中、长期目标提出新的近期目标，使之成为一个前后衔接，循序渐进、不断提高、不断深化的过程。例如，第一周，要求学生出操15秒钟集合完毕；第二周，要求学生出操不说话，保持安静；第三周，要求学生将成绩保持下去，参加广播操评比，争取获年级第一。

此外，在设计班集体奋斗目标时，班主任心中要有把尺子，一个优秀班集体的形成，要达到哪些标准，比如，要建设良好的班风一般应具有以下几方面标准：

1.有正确的舆论氛围

正确的舆论氛围是形成班集体良好风气的基础。一个优秀班集体只有在正面舆论的引导下，并具有正面舆论的主动性和战斗性，整个班集体才能使正气得以发扬。

2.有和谐的人际关系

和谐的人际关系往往能使班集体更具有凝聚力，是良好班风形成的保障。如果一个班集体人际关系和谐，绝大多数学生团结协作，就能很好地保证班集体的步调一致，能保证班集体管理目标的顺利实现。

3.有积极的进取精神

良好的班风也体现在整个班集体的进取精神上。只有每一个同学都有积极向上的精神面貌，共同一致的目标，强烈的竞争精神，才有班集体日新月异的变化，才有利于优秀集体的形成。

4.有良好的集体作风

良好集体作风是良好班风的一种体现。良好集体作风能使班级中的每个同学既文明礼貌，又训练有素，既朝气蓬勃，又能令行禁止，从而呈现出一种积极的、良好的班级风气来。

案例

我们的班规

我除了让学生遵守教育部规定的中学生守则之外，还对全班学生提出了如下要求：

(1)辩证地分析自己，看到自己是一个广阔的世界，尊重并忠实于自己的真善美的观念，对自己负责任。做自己的主人，有战胜自己假丑恶的能力。牢记：自胜者强，埋怨环境，天昏地暗；改变自我，天高地阔。

(2)尊重别人，对别人负责任。从对别人的尊重、理解、帮助、关怀、爱护、谅解中，得到别人对自己的尊重、理解、帮助、关怀、爱护、谅解；从对别人的尊重帮助中获得人生的快乐，从和别人融洽和谐的相处中感受人生的自豪与幸福。牢记：人心与人心之间等量交换的定律，己所不欲，勿施于人；己所意欲，尽施于人。

(3)尊重国家、集体，对国家，对集体负责任。时刻想到自己既是国家、集体的一员，也是国家与集体的主人，决不能对国家、集体抱冷漠无所谓的态度。越是以国家、集体主人的身份思考问题、处理问题，个人的潜能越能得到发挥，个人能力增长越广。

(4)充满信心。即使失败一千次，也坚信下一次的努力是指向成功。

(5)意志坚强。有经受失败、打击、挫折、逆境的心理准备，真的遇到失败、打击、挫折、逆境能不退缩、不屈服，将此看作是磨炼自己的机会。

(6)胸怀开阔。不陷入鸡毛蒜皮的斤斤计较之中，更不陷入窝里斗的怪圈，大事清楚，小事糊涂，有吃亏思想，有容人之量。

(7)除关注学校生活、教科书学习外，对社会，对世界的问题有较广泛的兴趣。善于从政治、经济、教育、文化、科技的广阔信息的海洋中，搜集有助于自己学习的教材，有助于自己勇往直前的信息。

(8)能做实事,有潜心实干的精神。在没有理想的实事可做时,先潜心做好眼前的,手中的实事。手中的实事虽不是最理想的,但一定能做成同类事情中最好的。

这份班规既规定了学生发展的方向,即把学生培养成有理想、有道德、有文化、有纪律的文明学生;也对学生的具体行为作了一些规定,如"从对别人的尊重、理解、帮助、关怀、爱护、谅解中,得到别人对自己的尊重、理解、帮助、关怀、爱护、谅解;从对别人的尊重帮助中获得人生的快乐,从和别人融洽和谐的相处中感受人生的自豪与幸福"。这份班规也具有很强的可行性,其中的规定基本上都达到了可操作性,"不陷入鸡毛蒜皮的斤斤计较之中,更不陷入窝里斗的怪圈,大事清楚,小事糊涂,有吃亏思想,有容人之量";它也有很强的层次性,包含了学生心理素质目标、认知素质目标、思维素质目标、社会素质目标等;其内容涉及学生发展的方方面面,包含了世界观、人生观、价值观等方面的目标;各项规定之间具有很强的相关性,把学生个体目标、学生群体目标、班集体目标结合在一起,而方向性、规定性、可分性、层次性、相关性等正是班集体管理目标的基本特点。可见这份班规看似平常,却反映出深厚的管理学理论。

第四节 合理设计班集体目标的策略

一、根据班情确定奋斗目标

掌握班集体实际情况,进行班情分析是科学创建班集体的前提。有了调查研究,摸清了真实情况,才能恰当地选择正确的途径和方法。因此,班主任只有对本班的基本情况了如指掌,才能把握好班集体建设的关键性问题。

(一)班情分析的主要内容

班情分析主要是了解和掌握以下几个方面的内容:

(1)学生的自然状况,如性别、年龄、家庭结构及人员状况、学生的兴

趣、爱好、特长、生理发育状况等;

(2)学生的心理发展状况;

(3)学生的思想道德状况;

(4)班集体人际关系状况;

(5)班集体建设的环境状况;

(6)班集体总体发展的实际水平;

(7)班集体建设的方法是否行之有效;

(8)班集体发展的实际状况与优秀班集体之间最关键的差距何在。

(二)班情分析的方法

要想完成班情分析,顺利掌握上面提到的各方面信息,就必须灵活运用班情分析的方法。下面,就介绍班主任进行班情分析的常用,也是比较有效的方法。

1.资料分析法

通过科学研究学生档案获得学生自然状况的一种方法。它主要是了解学生过去的一些情况。

2.观察法

这种方法贯穿于班主任工作的始终。所谓观察法,就是指常态下,班主任按照一定的目的和计划对学生进行系统、连续的观察,并作出准确、具体和详尽的记录。这种方法常被用来获取第一手材料。其实施的要求:①具有一定的目的;②具有明确的说明现象类型的分类标准;③具有明确的观察对象;④具有一定的观察地点;⑤具有确定的观察时间表;⑥具有确定的记录方法;⑦具有一定的处理和分析材料的方法。常见的观察法有:核对清单法、级别测量法与记叙性描述。

3.问卷调查法

指通过一系列书面问题来征询学生对某一主题的意见,从而获得有关这一主题的第一手材料。实施的要求:①每次只涉及一个主题;②说明清楚、完备;③问题的陈述不带偏见;④问题的安排次序符合一定的心理习惯;⑤问题的答案易于整理、分析和解释。它的优点是可以避免谈话时由于面对面而造成谈话对象的心理戒备状态;不足之处是如果问题选择不好，总有一部分人不作回答，也较难查明不回答的原因。

4.谈话法

指班主任通过与学生以某种形式进行交流，直接搜集有关事实材料。按谈话过程的系统性可分成严格按照事先拟定的计划进行的标准式谈话和比较自然、随便的自由式谈话；按谈话对象人数多少可分为个别谈话和集体谈话。它的步骤有：①选择谈话对象，准备谈话计划；②确定谈话的目的和内容；③按计划进行谈话；④整理分析谈话记录(或结果)。它的优点有：班主任能够与学生保持着直接联系，有利于在短时间内获得需要的材料；能够当场解释学生提出的疑问或误解，及时补充必要的调查内容，确保调查材料的可靠性；可以搜集到一般方法搜集不到的学生的情感反应。它的不足之处是：班主任的态度、语气以及谈话的艺术水平可能会使学生产生偏见和误会。

(三)在班情分析的基础上确定班集体奋斗目标

在摸清班集体情况，进行班情分析以后，就要提出切合本班实际的班级奋斗目标。班集体目标是全班学生通过共同奋斗所要达到的结果。在班级成立之初，学生处于松散状态，因此，确立共同的奋斗目标，对优秀班集体的形成起着重大的作用。

班集体目标既是全班学生活动的出发点，又是学生活动的归宿。首先，班集体目标为了使班集体不断巩固和发展，需要经常寻找鼓励班集体前进的力量，提出远景，确立新的奋斗目标和新的任务。之所以如此，是因为班集体是为实现教育目标而组织起来的一种正式的教育集体。班集体建设的每一步，最终都是为了实现教育目标，完成教育教学任务。优秀班集体的创建，既不是自发进行的，更不是随机工作所能实现的，它是班主任、学生、科任教师等有意识、有计划、系统地、努力实践各个层次的目标所获得的预期结果。

优秀班集体创建的目标是班集体创建中班情分析的继续，是开展班集体创建各种各样的活动的依据。优秀班集体的形成和巩固是以共同的奋斗目标为前提的。没有一个共同的奋斗目标，集体就失去动力，就会涣散。有了共同的奋斗目标，就能把全体学生吸引在一起，使大家产生积极向上的强烈愿望，做到心往一处想，劲往一处使，在共同的奋斗中逐步形成一个团结向上的班集体。

摸清了班情，就要从本班的班情出发去制定班级目标，除了要考虑学生的组成情况外，还要特别关注班集体发展水平与班集体发展目标之间的差距，分析班里的优势和劣势，然后制定班级管理目标。班级发展目标的建立，其标准不宜过高或过低，内容必须贴近现实，具有方向性、阶段性、现实性和激励性等。

班集体是学生进行交往和个性成长的最小环境，在建立班级目标时，班主任发挥着重要作用，但是绝不能包办代替，只有调动全班学生共同制定班级目标，才能发挥目标的导向作用。这样才能保证班级工作在正确方向指引下运转。

班集体常规的制定。班集体常规的制定必须依据本班的实际情况，这就需要班主任在制定班集体常规之前对本班的学生进行充分的调查研究，并在学生充分讨论协商的基础上制定。这既有利于班集体常规与班集体实际相符合，又有利于发挥“讨论”的教育功能，也有利于常规制定后被学生认同，为常规的实施提供认知基础与心理基础。班集体常规的制定既要针对班级的实际情况，又要突出重点。一般可以从以下几个方面进行选择：①工作职责常规。班集体内部各类学生干部及所有成员都要明确自己在建设班集体中的工作职责，提高他们对“学生是学校的主人、学习的主体、管理的主力”的认识和“从我做起”的自信心，促进学生自我意识、民主意识的培养和个性的发展，使班集体工作有条不紊。②学习生活常规。为提高学生的基本礼仪修养，抓好班集体的纪律建设，培养优良的学风，促进学习质量的提高而制定的学习纪律、学习管理方面的常规。③活动管理常规。为结合有关节日、纪念日，班集体组织开展各种传统教育活动而制定的常规，包括对活动的程序等做出规范。④体育卫生常规。为培养学生良好的体育卫生习惯制定的规范。如引导学生认真参加两课、两操、两活动，保证每天有一小时的体育锻炼时间的规范等。

二、让学生主动参与目标设计

在确定班集体的建设目标时，班主任应走出“越俎代庖”的模式，要求每个学生以主人翁的身份分析班里存在的各种问题并出谋划策解决问题，组织他们学习、讨论，师生共同制定出切合班级实际的班规。

班集体建设目标的确定，是学生自我教育、自我激励的过程。学生通过参与班集体的目标设计，可以增强主人翁的意识与责任心，使班集体管理目标内化为学生的自觉行为，为班集体管理奠定基础。

学生的情况由学生自己来反映，就可以对他们做出正确的评价了，如果班集体组织纪律涣散，学习成绩不好，常常惹是生非，归根结底是他们缺少主人翁意识，缺乏集体主义观念。但是，目前许多班主任对班集体管理的目的认识不清，把握不准，主要存在着这样一些问题。

（一）班集体目标设计中的误区

1.消极防备观

一些班主任认为，班级管理是为了防备出事，因而不是主动地发现并寻求问题的解决，不是主动地去促进班集体建设和每一个学生的发展，而是消极地防备，习惯于高压政策。

2.问题解决观

也有一些班主任认为，班集体管理就是问题解决，因而不是主动全面地关心班集体的每一位学生，积极正确引导每一个学生的发展，而是被动等待问题发生，对犯规学生严厉惩罚。

3.执行命令观

一些班主任认为，班集体管理就是按照上级的要求来进行管理，有的甚至只是做表面文章来应付上级检查。班级管理是自上而下的，而不是从班级实际出发，自下而上，更没有考虑每个学生发展的实际需要。

4.争取荣誉观

一些班主任认为，班集体管理就是为了促进班集体进步，而班集体进步又简单等同于班级集体荣誉的获得。因而往往只顾及集体荣誉，忽略全体学生的发展。一般情况下只有少数“过硬”、“能干”的学生得到任用和培养。而有些情况下，在为了群体的借口中，学生干部往往只被使用不被培养，成为集体荣誉的牺牲品。

归根到底，重视班集体建设的最终目的也是为了每一位学生的发展，优秀班集体建设是为了给每一个学生的成长提供良好的氛围和环境。所以,优秀班集体的建设必须确立“促进每个学生发展”的目的观,只有确立了“促进每个学生发展”的目的观,才能使班级管理真正为每个学生的成长服务。

(二)主动参与班集体目标设计

没有规矩,不成方圆。注重发挥学生的主体作用,并不是不要管理制度,而是让学生在班主任的间接调控下自主管理,自主教育。学生是班级的主人,班主任的职责是协调引导,而不能包办一切,应该给学生最大的自主权。

班训、班规、班集体目标的形成,传统的做法是班主任拟定条款,这样在一定程度上难免使学生形成逆反心理,产生一定的抵触情绪。有一位班主任在接手一个新班级之际,先在班级讲优秀班集体的事迹,从而让学生明白制定一套切实可行而又推动班级发展的班训、班规的必要性和重要性。然后通过个人建议、小组讨论、班会等形式,引导学生反复斟酌,共同制定出既符合校情、班情,又能让全班学生共勉的、起到激励警戒作用的班训、班规、班纪,并确立集体奋斗目标。从学习、纪律、卫生、礼仪、行为规范等方面,提出了明确而又具体的目标和确保班集体目标实现的措施。由于这些目标和措施完全是由学生们自己商定的,有切实可行的近期目标,也有高瞻远瞩的远期目标,所以学生们在完成时,就显得更主动,更有信心,更得心应手。

让学生主动参与班集体目标的制定,班主任可采用民主协商的方法来确定班级目标。因为这样可以使目标更符合班集体的特点和学生的实际,更有针对性和可行性,可激活学生的主观能动性。同时,目标是学生自己提出来的,更符合学生的意愿,能够满足学生的需要,这样就使得目标在实现的过程中更具有激励作用,执行起来也会容易得多。民主确定班级目标可以采用自下而上的形式,即先由每个人提出班级目标,然后分小组汇总、讨论、修订,再提交班委会汇总,由师生一起讨论,拟订目标草稿。也可以采用自上而下形式,即班主任先提出目标草稿,再交由小组讨论,进行修改,最后汇总出“准”目标,交全体学生讨论通过,制定出总目标。总目标确定以后，还要加以分解，确定阶段目标。每个阶段目标都带有较强的激励作用，能够成为激发学生进步的动力，为提出新的目标打下基础。

案例

目标引领，主动发展

以目标为导向，建设优秀班集体是可行的、有效的，是新时期班级建设的一项有益探索，近两年来我们班级以"目标引领主动发展"打造一流班级，把同学们培养成知识渊博、有目标有理想的时代新人为目标。围绕"目标引领主动发展"的特色，从班级文化建设、学生干部培养、打造书香班级等方面开展班级工作，取得了比较理想的效果。

1.别出心裁，构建班级文化特色

我班设计了三个版块的文化：班牌版块、学习园地版块和学生评价板块。

(1)班牌设计说明：我们班叫雏鹰中队，有39名同学。我们的班级目标是：用"目标引领主动发展"打造一流班级，把同学们培养成知识渊博、有目标有理想的时代新人。我们的班训是："目标引领主动发展"。班牌用茵茵绿色做底色，中间装饰有清新挺拔的兰花，呈现出兰花青青的叶、洁白的花，图案上印有清晰的文字说明，使整个版面凸显出健康积极清新活泼的氛围。"用实力证明我班无与伦比"这是班主任老师对每一位同学的殷切希望。

(2)学习园地版块设计说明：整个版块粉红色做底色，呈现出活泼、生机盎然的气氛；左下角延伸配有装饰的花带，充满儿童情趣；"学习园地"四字横着排列，摆在版面的合适位置；整个版面突出积极向上，色彩搭配和谐。这个版块主要用来展示同学们的创新、得意之作。

(3)学生评价版块设计说明：蓝蓝的天空上，几只海鸥在优雅地飞翔,碧蓝的海面上盛开出白色、黄色、红色等七彩花朵,那是代表着同学们扬帆得胜,胜利归来。整个版块用蓝色做版块底色,左下角延伸装饰有各色帆船冲浪的画面,整个画面要凸显“天高任鸟飞,海阔凭鱼跃”的激烈竞争环境。左边竖着排列“雏鹰争章”四字,四字位置摆放合适。整个版块摆放得大方得体,让人赏心悦目。

2.标新立异,“人人是班委”管理模式

经过这两年的班主任研修,结合自己的班主任工作实践,我认为在班级管理中要让每一个同学都自觉地肩负起责任,培养集体荣辱感,为此创建了“人人都是班委而没有明确班委”的管理模式,也为我的班主任生涯又增添了一分色彩。两年来的主要管理思路如下:

(1)让学生自定目标。学生人人制定发展目标,人人主动达到目标要求。自我加压、自我激励。

(2)让学生自订班规。以学校规章制度为根本,根据自己班级的实际情况在每一位同学直接、民主的参与下制定集体生活的规则,让学生用自己制定的制度来约束自己,不断培养自我调控、自我管理的能力,达到了自主管理的目的。

(3)试行“班委竞选制”、“班干部轮值制”。通过自荐和他人举荐相结合的方式产生候选人,候选人发表竞选演说后,再由全班同学投票产生班委会,班委会通过班干部轮值制度对班级实施管理。“班委竞选制”、“班干部轮值制”的实行,从机制上为更多的学生提供了发展主体意识、提高服务能力的舞台,使学生在实践中“学会合作、学会负责、学会做人”。

(4)班级事务实行“包干负责制”。班级的每个事务管理做到“人人有事干、事事有人干”,班级卫生工作、服务工作岗位明确、责任到位。

(5)实行“学生品德行为规范考核制”。在班主任指导下,由班委实施对全班每个同学的品德行为规范考核工作。班干部根据分工对每个同学的学习、纪律、卫生、文体活动等方面表现进行周考、月考、学期考评、学年考评。班干部接受同学和班主任的考评。

(6)让学生自己设计班级教育活动方案。班级活动方案、主题班会的方案都让学生自己来设计,从而从根本上打破以往班级活动、主题班会"我说你听"、"我讲你做"的被动局面,充分调动学生的积极性和创造性。

(7)让学生自己主持班级重大活动。这两年的班级活动中,我都积极鼓励、大胆放手,尽可能让班干部来负责德育活动的组织、实施和总结,尽可能让更多的学生参与,能让学生说的道理就让学生说,能让学生做的事就让学生做,使之在活动的亲身实践中受到教育和锻炼。

(8)鼓励学生积极参与年级组和学校的各种集体活动。要让学生真正成为班级的主人,必须让学生经常感受到班集体的温暖,体验到团结的力量,品尝到成功的喜悦。积极鼓励学生参与年级组和学校的各种活动有利于培养学生"班兴我荣、班衰我耻"的主人翁精神,这是学生提高自我的一条重要途径。

两年的实践证明,"人人是班委"的管理模式极大地调动了学生的积极性,既增强了班集体凝聚力,又培养了学生能力,形成了人人争做班干部,人人会做班干部的良好的氛围。班上涌现了张瑜、陈明珠、稽佳晨等很多学习成绩好,工作有魄力、认真负责的优秀班干部。

3.加强读书管理,打造书香班集体

"书籍是人类进步的阶梯。"养成良好的读书习惯,掌握较好的读书方法,是人生发展的源泉!由于我校周边农村的孩子较多,文化知识起点低,底子薄;家长不注重帮孩子购买书籍;家长忙于生计,辅导时间少。我及时针对学生的实际情况,培养学生课外阅读兴趣,丰富学生的课外知识。

(1)从课内向课外延伸:许多作家、名人都说:"多数语文水平较好的学生,你要问他的经验,异口同声说是得益于课外。"局限在课堂上的语文学习是狭隘的、封闭的。课内阅读与课外阅读之间是相互补充的，我将有效的语文教学和班级管理有机结合起来。比如，当学生学完《荒岛日记》时，我布置学生阅读《鲁宾逊漂流记》；又比如，当学生学完一个作家所写的文章后，可以向其推荐这位作家所写的相关书籍，加深认识，扩大阅读。这样，学生不仅得法于课内，而且得益于课外，何乐而不为呢？

(2)“放任自流”任其读：要进一步强化学生“读”的意识，开展丰富多彩、行之有效的活动有助于学生自愿、自觉地跨进浩瀚的书海，因此，给学生阅读的自由非常有必要。爱美之心，人皆有之，小学生也不例外，当他们自由充分阅读以后，我给孩子们提供展示自我风采的舞台。不定期举办小报、故事会、信息交流会、“小博士知识竞赛”、“作家作品知多少”、“演讲比赛”等读书汇报、阅读欣赏活动，把课外阅读活动推向一个又一个高潮。把课外阅读积累融入才艺活动。通过不同形式(朗诵、演讲、讲故事等)，共同分享丰收的喜悦。浓厚读书氛围，让我们班书香四溢。

但在目标的达成上还有一些不足之处，如家庭教育方面，孩子的教育离不开老师和家长的共同协作，孩子在家中的表现只能通过家长来获悉，同样学生在学校的表现也应及时反馈给家长，只有双管齐下，才能收到教育的效果。许多家长不能及时给予学生科学的指导与有效的帮助，放任学生自由发展，出现了一些不良势头。因此，在今后的工作中我将走访每一位学生，主动与家长们保持联系，将一些孩子的表现通知家长，共同商量对策，与多位家长进行交流，希望得到家长的极力配合和大力支持。

每一位孩子都是我心中最美的花，每个孩子的点滴进步都是我心中最亮的灯，心中有花，用心浇灌；心中有灯，执著前行。工作中我将继续探索，在教育的道路上采撷一路风景，收获一程美好。愿呕心化春雨，滋润朵朵花蕾，倾情撑蓝天，孕育祖国栋梁。

此案例是班主任打造优秀班集体的成功典范，班主任精心设计，较成功地引导了学生主动参与班集体目标设计，激发了学生参与班级管理的热情与自律意识，真正让学生树立起“主人翁”意识，使人人向着达成目标的方向努力。

同时，班级工作中学生固然是班集体奋斗目标的设计主体，教师的辅导地位也不容忽视。班主任在班风建设中不仅要以科学的道理武装学生，以高尚的精神塑造学生，以优秀的人格影响学生，更应该注意班集体的舆论导向，让正确的舆论引导学生。正确的舆论中心和导向能够使学生坚定自己的学习信念，明确自己的学习目标，形成自己的纪律观，从而达到自律、自强，并最终形成正确的人生观和世界观。

第五节　优秀班集体目标的制定程序

制定班集体的管理目标，是班集体管理的起点。制定出明确、正确、具体的管理目标，是班集体有效管理的先决条件。目标一经制定，一切计划、措施、行动就有了依据。因此，制定目标，对于班集体管理是个重要的环节。具体来说，制定班集体管理目标的程序包括以下几个环节。

一、全面收集资料，掌握内外信息

班集体管理目标的制定，必须以班级的客观现实为基础，才能制定出合理的目标。如何认识班集体的现实状况呢？这就要靠收集资料。管理目标的制定，必须对班集体的外部环境有个充分的认识，要收集国家的教育方针、政策，掌握国家对教育发展的要求。还要收集班集体所处地区的社会状况，掌握社会、家庭、家长对班集体发展的要求与学生的需求。另外，要分析班集体内部的现实条件，如人力、物力、财力、师资等条件状况。了解班集体成员的需要、对班集体发展的期望等方面的信息。资料的收集，是制定管理目标的前提，这一步工作没做好，就很难制定出合理的、符合客观现实的管理目标，必然会影响到后面班集体管理工作的开展。

二、提出目标方案

收集信息资料之后要做的就是要将信息资料进行归类分析，进而提出管理目标的方案。目标方案的制定要明确，首先，明确要达到的目标；其次，要说明达到目标的限制条件，存在着哪些有利条件，哪些不利条件，以及达到目标所需要的人力、物力、财力资源；再次，要说明实现目标方案的途径、策略和步骤，这是目标方案最为关键的内容；最后，要对影响目标实现的不确定因素进行预计。实现班集体的教育目标可以有多种实现途径，这也就意味着可以通过多种管理方式来实现，所以在制定班集体管理目标时，要尽可能多地提出多个目标方案。

三、评估目标方案

确定备选的目标方案后就需要对提出的目标方案进行分析和评估。要从班集体的内外部实际情况出发，具体分析目标方案是否具有科学性，并对其科学性程度进行测定说明，还要对目标方案的可行性进行分析和评价。目标方案具有科学性，并不说明就具有可行性。目标的制定既不能太低，太低了没有意义；也不能太高，太高了实现不了。切实可行的目标方案才是最重要的。

四、比较分析，择优选定

在对目标方案进行分析和评估后，要根据班集体的客观情况，从备选方案中选择最优化的目标方案。

班集体管理目标的设定要以正确的班集体管理思想为依据。班集体管理思想是班主任对班集体管理的本质和价值的认识，它决定班集体管理的方向。正确的班集体管理思想是“以学生为本”的思想，以学生为本就是以学生的发展为本。制定班集体管理目标就是要体现特定班集体的学生的发展要求。同时，班集体管理目标的设定还要以班集体实际情况为依据。即以学生的身心发展为依据，以特定班集体的学生的特定发展情况为依据(特定指家庭、社区、班集体特定的环境)。

思考题：

[1]如何摸清班情？

[2]班集体目标设计应遵循哪些原则？

[3]如何引导学生主动参与班集体目标设计？

[4]试按照班集体管理目标设定的程序，为你自己所在的班集体设计3～4个班集体管理目标。

第四章 适时建立班级组织机构

第一节 班级组织建设概述

一、组织的内涵

组织一词，具有双重含义。一是作为动词，指管理中的组织职能，即指建立起组织运作或生产经营功能实体的一系列活动；二是作为名词，指为实现共同的目标而使全体成员能够和谐地协作的一种人群结构形式。

组织是人们实现共同目标活动的管理需要之一，而组织职能实施的结果就是建立起有效地组织结构形式，因为，人们为了实现目标，改造客观世界，就必须依赖组织起来的群体，而这个群体就由个人结合而成的，是由组织成员、组织目标、组织结构、组织制度、组织规范等构成的完整的有机体。从静态的组织结构来看，组织在人类社会存在与发展中发挥着巨大作用。

二、组织的功能

1.组织是社会活动的载体，是人们自觉实现预定目标的工具

任何社会活动都是协作性活动，需要人们有共同的意志和共同的步伐为基础，分散的个人不仅无力承受哪怕是很小的社会使命，甚至会出于有意或无意的个人动机而与这一使命相抵触。组织作为人类群体意识和群体力量的集合，必须责无旁贷地负担起这种使命。离开组织，社会就会陷于混乱和瘫痪，连保持人民最低水平生存和尊严的条件也会破坏殆尽。

2.组织发挥聚合人们力量的作用

组织通过一定的机制进行内部和外部的协调，集中和放大各种单个力量。这种协调机制一方面是通过各种规范约束个人的行为，减少内耗，形成共同意志；另一方面，是通过协调使人们的行为更符合各种活动的规律性，使集体的力量恰如其时，恰如其分地发挥符合叠加作用，从而大大超过单个人所能表现出来的力量。

3.组织发挥着沟通作用，使人们的活动更有效能和效率

信息是社会生活运转的基本条件，作为在意识支配下自觉行动的人类，需要获得各种信息指令去指导自己的行动。在高度竞争的现代社会中，信息传递的正确、迅速是任何工作成功的基本条件之一。组织有严密的结构、严谨的行为规范和行之有效沟通手段，在内部及内部与外部之间形成良好的沟通渠道，使上情下达，下情上达。

4.组织发挥着教育作用

组织是个人社会化的最基本机构，从儿童进入幼儿园，就要学习各种价值观念和行为习惯，组织的动力机制如压力、从众、模仿、暗示等都对人们各种观念和习惯的形成产生影响。

三、班级组织的功能

(一)社会化功能

1.传递社会价值观，指导生活目标

班级组织按照社会需要和教育目标，在组织学生开展学习、交往、游戏、劳动和社会实践活动中，向学生进行世界观、人生观、道德观、审美观和知识观教育，引导学生正确处理个人目标、集体目标与社会目标的关系，在社会主体价值观和公民精神的指导下，把个人的兴趣、需要、愿望升华为符合社会期望的生活理想、职业理想和社会理想，使学生成为热爱祖国、造福人民的集体主义者。

2.传授科学文化知识，形成社会生活的基本技能

教育者通过班级组织将人类社会长期积累的科学文化知识传递给学生，使他们获得社会生产生活的经验和技能，并为进一步发展社会科学文化知识奠定基础。

3.教导社会生活规范、训练社会行为方式

班集体组织的教育、教学活动是在师生交往及同龄伙伴交往中展开的,而班集体的人际交往和社会关系必然形成相应的社会规范。

4.提供角色学习条件,培养社会角色

班集体组织为学生的角色学习提供了多方面的条件:班集体的目标、规范和人际关系结构对每个学生提出了明确的角色期望,而学生在课程学习中的态度、成绩和教师、伙伴的社会评价决定了他们在人际关系中的角色地位。

(二)个体化功能

1.促进发展功能

班集体组织能够为班集体成员提供发展的机会。这些发展涉及多个领域,如知识及认识的发展、情感的发展、兴趣态度的发展、社会技能的发展等。

2.满足需求功能

班集体组织既能提供满足归属的需求、亲和需求和依存的需求等基本需求的机会,又能创造满足自我实现的需求与社会有用性的需求等高级需求的途径。

3.诊断功能

学生置身于班集体组织中时,其人格及能力上存在的缺陷就会显现出来。这些问题的暴露,为班主任或教师开展有针对性的教育、引导和矫正学生的不良倾向创造了有利条件。

4.矫正功能

学生存在的人格及能力缺陷,可以通过班集体组织进行矫正。

四、班集体组织建设的意义

(一)班集体组织建设有助于提高班级管理和学校管理的效能

从管理学角度看,健全的班集体组织机构设置、完善的组织职能、合理的班集体管理人员构成、明确的岗位分工、协调的人际关系、畅通的信息交流、稳定的班集体运作是班集体组织健康有序发展的保障,当班集体建立起了这样有力的管理系统,其管理效能定会得到提升。班集体是学校教育活动的基本单位,班集体组织建设的成效也会直接影响到学校管理的效能。因此,建设完善的班集体组织对于提高班级和学校的管理效能具有积极的意义。

(二)进行班集体组织建设有利于培养学生的集体主义精神

几十个学生从不同的家庭来到学校,组成了学校中的正式群体,群体发展的高级阶段就是集体。集体主义精神必须在集体中培养,学生在学校生活的直接环境就是班级,班级是否能建设成为集体,就关系到它能否形成集体主义思想。只有当班级组织建设达到集体阶段,"集体主义"意识才能真正地走进学生的心田。班级活动是培养集体主义精神的最佳途径,通过"润物细无声"渗透,逐渐使学生关心集体,热爱集体,亲身体验集体的温暖,从而产生对集体的情感。

(三)在班集体组织建设过程中学生个性会得到和谐发展

马克思曾经指出:"一个人的发展取决于和他直接或间接进行交往的其他一切人的发展。"学生在班集体中直接交往的人很多,与各位老师交往,与许多同学交往,在交往中,互相发生影响,发生作用。这种相互影响与作用正是个性赖以发展的必要条件。在班集体组织建设的过程中,学生之间的交往,大多是在积极的有组织的活动中进行的,在这些活动中,学生得到显示自己才能和特长的机会,在他人肯定性评价中,心理得到了满足,于是获得了"要干得更好"的动力,个性得到主动发展。并且每个学生在不同的活动中处在不同的角色地位,其不同侧面的个性潜能得到培养和发挥。因此,学生在班集体组织建设过程中可以得到全面和谐的发展。

(四)积极开展班集体组织建设能使班主任自身的素质得到全面的提高

班主任要进行班集体组织建设,必须学会如何充分了解和研究本班学生的情况，在班集体组织建设过程中也不会一帆风顺，遇到问题就需要深入分析、思考，学习理论、请教经验来解决问题。班主任在创建班集体的实践中，思想政治道德素质、兴趣、爱好、特长及心理素质等都会得到全面的提高。班集体组织建设是摆在每一位班主任面前的第一任务。

第二节　班集体组织机构的类型与教育

班集体是按一定的组织机构形成的，并且有相应的组织形式。根据组织的性质可将班级中的组织分为正式组织和非正式组织。

一、正式组织及其教育

正式组织是根据组织章程或正式规范而建立起来的。正式组织的成员之间存在着从属关系或平行关系。按照巴纳德的观点，"正式组织的实质就是有自觉的共同目标，当人们彼此相互沟通、都愿意发挥作用、分担后果所欲完成的目标时，正式组织就成立了。"

正式组织具有三个基本特征：目的性、正规性和稳定性。班委、少先队中队委、团支部属于正式组织的范畴，它们又各成组织体系，每个组织体系内还设有分工职能不同的小组或小队。

正式组织根据学校的有关规定，经由班主任挑选或学生民主选举产生而建立起来的，包括班委会和少先队（团支部）。在班级正式组织的建设与管理过程中，由于其具有一定的目标性，自然就比较强调对其成员的外在规范，这样在一定程度上就有可能限制了班级正式组织里成员的积极性和创造力。因此，为了避免组织的僵化状态，班主任在"赋权"方面要有充分的考虑，使组织内的成员明确权限的范围，为他们创造一种有弹性的空间。

（一）班主任对班委会工作的指导与教育

班委会的主要任务是协助班主任做好班级日常管理工作，一般由班长、学习委员、生活委员、体育委员、宣传委员、文娱委员、劳动委员等组成。对于班委会的培养和教育，班主任首先要有爱才之心，这样才能调动这些班委会成员的积极性，最大限度地发挥其能力。要大力支持他们的工作，经常了解他们在工作、学习、生活中的困难，并及时帮助解决，使他们善于调节自己的心理状态，力求均衡全面发展。对工作中的成绩应给予肯定，并在班上表扬，以树立威信；对工作中的不足，要及时帮助纠正。其次，班主任应充分信任、尊重班委会成员，发挥他们的主观能动性，做到“用人不疑，疑人不用”。再次，班主任要引导教育班委会成员之间搞好团结，处好关系，加强协作，从而打造出一个目标明确、善于合作、高效运转的班级“领头羊”式的优秀班集体组织。

（二）班主任对团支部工作的指导与教育

团支部工作职责主要是带领组织全体学生团员开展团支部活动，有针对性地进行思想教育。团支部一般由团支部书记、副书记、组织委员、宣传委员组成，团支部下设团小组长。班主任对团支部工作的指导：

1.协助团支部制定和实施工作计划

在计划实施过程中，班主任还应该做一系列指导工作，帮助其检查、协调，并为之创造条件等，务使计划能顺利完成，达到预期目的。

2.参加团支部的有关活动，进行具体帮助

除上级团委直接组织的全校性集体活动外，团支部应邀请班主任参加活动，以便班主任了解情况，在工作上进行指导，在思想上进行帮助。

3.协调团支部与班委会的关系

班委会是班集体的领导核心，团支部是全班团员的领导核心，两个核心在班级里开展活动，由于人员和工作的某些交叉，难免在认识和行动上产生一些矛盾。这些矛盾如处理、协调得好，可使两个集体互相配合，相得益彰，促进班集体工作。反之，则会相互抵消，内耗丛生，使整个班级工作陷入混乱、被动。所以，班主任要经常注意两个集体领导核心在人际关系上，工作关系上，时间和空间关系上的协调。

4.协助团支部做好发展新团员的工作

班主任了解本班青少年的情况，有向团支部推荐积极分子的责任。应该把培养教育青年与向团组织推荐积极分子和发展新团员等环节结合起来，从而带动整个班级工作。

5.帮助团干部提高思想政治水平与工作能力

学生中一般存在青年看团员,团员看干部的心理倾向。团干部经常是在团员和青年的监督下工作、学习和劳动的。所以,提高团干部的思想和工作水平是提高团的活动效益的关键。班主任要通过团的活动和检查工作等环节,有意识地帮助团干部,使他们逐步提高,以适应团的工作。

(三)班主任对少先队工作的指导与教育

少先队中队组织是少先队的基层组织,一般设队长、副队长、旗手,以及学习、劳动、体育、组织、宣传等委员,下设小队。由于少先队员年龄小,经验不足,在独立开展活动时,班主任必须给予必要的指导和帮助。班主任与少先队组织的关系,不是上下级领导关系,而是合作关系。少先队组织直接受学校行政部门的领导,其工作直接由学校行政部门安排。因此,班主任既要指导本班的少先队组织好工作,使少先队活动服从于学校教育工作计划,又要尊重班级中少先队组织工作的独立性,不能包办代替,让少年儿童在自己组织的活动中得到锻炼,接受教育。

1.加强思想品德教育

少先队员生动活泼,思想单纯,富于热情,热爱学习,但理解能力差,因而少先队的工作不宜多讲大道理,应当围绕中心工作,开展少年儿童乐于参加的各种活动。

2.开展爱科学、学科学、用科学活动

少年儿童的主要任务是学好科学文化知识,少先队要通过丰富多彩的活动来激发学生的学习兴趣,提高自觉性,拓宽知识面,巩固学生的课堂知识,培养科学的学习方法,指导课外阅读,培养自学能力,组织各种科技活动和进行经验交流等。

3.开展文娱体育活动

少先队应根据儿童的特点,组织多种多样的文娱体育活动,活跃课外生活,增强儿童体质,激发和培养儿童对文艺的兴趣,发展他们的正当爱好,陶冶他们的性格。

4.组织少年儿童的假期活动

儿童丰富又安排得当的假期活动,不仅能使学生得到积极休息,而且使学生受到深刻的教育。队组织应当十分重视组织假期活动。

班委会、团支部或少先队中队委在班集体工作中是既各有组织体系，又有工作交叉；既各有侧重，又互为补充。因此，要根据班集体工作实际情况和学生发展需要，既要整合班委会和中队委或团支部的工作，明确分工职责，各负其责，又要促进"班团合一"、"班队合一"，在班集体组织机构设置和人员配备上整体考虑，做到分工不分家，分工不分心，齐心协力，密切配合，促使班委会和中队委或团支部一起开展工作。

案例

良好的班级组织建设

开学一个月了，我这班主任也当了一个月了。在这一个月里，体验了许多的工作，也收获了许多的经验，它为我今后的班级管理工作奠定了基础。在这里，我对这个月的工作做一个总结。

开学初，由于刚接手新班，对班级状况、学生情况都不是十分了解。因此，我先确立好班委成员，重新选出班干部。在班会上，我让学生通过民主选举的方式选出自己心目中最信任的同学。新班委成员包括班长、团委书记、军体委员、卫生委员。这些人员分工明确，要求尽职尽责干好班级工作，相互支持，通力合作，协助老师管理好班级。经过一个月的运行，他们之间工作努力，相互协调，班级管理井井有条。

其次，进一步完善班级各项规章制度。对于班级的常规方面，主要在纪律、卫生上加强了管理。要求学生严格按照《中学生日常行为规范》和《中学生一日常规》的要求做，发现违纪同学，严厉处罚。卫生方面主要是明确分工，把班级的每块卫生区具体分到个人，卫生委员每天监督完成情况，我随时抽查。对于偷懒、不认真打扫的同学罚加倍干活。这样使班级的卫生工作做得非常好，在学校组织的检查中取得较好的成绩。

由于全班同学的共同努力，在学校开展的一系列活动中我班均取得了优异的成绩。

一个好的班集体,单靠班主任一人的管理是远远不够的,它需要良好的班级管理机制,而机制的各个部分都要相互协调,充分发挥应有的职能。同时,对学生的管理应避免盲目性、专制性,而应更多地注重民主化,做到因材施教。正如魏书生曾经说过:“普通学生能做的事情,班干部不做;班干部能做的事,老师不做……”只有三者相互关心、相互帮助,才能促进班集体效率的提高,使班级管理发挥最大功效。

二、非正式组织及其教育

在班级组织系统中,由于个体学生的性格、气质以及兴趣爱好的不同,在相互交往的过程中,往往根据兴趣或能力形成班集体组织系统里的亚文化群体组织,这种亚文化群体我们一般把他们列为班集体系统里的非正式组织,也可以称为非正式群体。他们或一两人,或三五成群。虽然是“组织”,但他们一般来说没有自己的“组织”目标,也没有外在的组织规范,具有自发性、内聚性和不稳定性。这样的非正式组织基本上是依靠组织内某个别成员的能力去开展活动,对其内部成员的思想和行为有着重要的影响,而这种影响常常会波及到班内的其他成员。因此,班级内的非正式组织是班级组织系统里不可忽视的力量。班主任要重视对班集体内各种非正式小群体的引导,使其支持和配合班、团、队组织的工作,发挥其在学生兴趣、爱好、特长、个性发展中的独特作用。

例如,学生社团就是非正式组织的一种,它由共同志趣、爱好的学生自愿组成的学生群体。学生社团根据学生的兴趣、爱好、特长、性格、个性而组建,涉及面很广,学生可以通过参加各种类型的社团,丰富和拓宽自己的知识面,开阔视野,接受人文科学和自然科学等诸多学科知识的教育,以使自己活跃思维,激发创新灵感,适应现代科学学科间交叉渗透和综合化发展的趋势。

学生通过在社团中担任不同的角色,既能锻炼计划、组织、控制、协调、指挥和领导能力,也能锻炼团结协作、共同攻关的能力。社团活动为学生提供了一个走出校园、了解社会、深入社会、接触社会的机会，锻炼了学生的实践能力与社会适应能力。

班主任可以通过发展社团，在班级中构造起良好的文化环境，塑造浓郁的人文氛围，以促进学生心理的成熟及人格的和谐发展。班主任要积极引导学生参加健康向上的学科类、实践类和文体类社团活动。对于有突出成绩的社团和在社团中表现上佳的成员，班主任要予以鼓励。

非正式组织，所激励的方面比较广。例如：设立值日班长；设计各科状元榜；每月评选一次“班级之最”，班级之最里可设有最有礼貌的同学、书写最认真的同学、上课最认真听讲的同学、劳动最积极的同学、最有责任心的同学、最受同学爱戴的班委、最敢抓敢管的同学、表现进步最快的同学、学习进步最快的同学、最乐于助人的同学等。这些岗位激励学生产生积极的角色行为，以实现由理想向现实角色的转换。

一个优秀的班集体建设离不开班主任对非正式组织的引导和教育：①思想认识上要正视非正式群体存在的客观必然性。学生非正式群体的存在是客观的，是受社会发展需要和个人发展需要的多层次、多因素影响而形成的。②要营造良好的课堂和校园文化氛围，创造表现自我的良好机会，满足非正式组织的需求。③充分发挥非正式组织的积极作用。要能利用非正式组织的某些特点，为实现优秀班集体的目标服务。④注意发挥好非正式组织中核心人物的作用。非正式组织的表现往往取决于核心人物的思想意识和行为，核心人物有很强的感染力和号召力，核心人物的言行，影响其他成员的一举一动。⑤要给予更多的关心和爱护。教师应该在学习和生活上对他们多加关心，帮助他们端正学习态度，及时解决他们生活上的困难，决不能对他们另眼看待或置之不理。

案例

我们班的“小团体”

我班有四名男同学组成的一个“小团体”，小的十一岁，大的十二岁。他们的问题行为概述为：①无论校内、校外，上学、放学，四个人总是形影不离。课间，同学做游戏，他们则捣乱，还一起欺负低年级的同学。课堂上对有争议的问题，不管是对与错，四个人的意见总是保持一致。②学习、模仿社会上的帮派，指使其他同学为他们服务。他们喜欢的东西总是伸手便拿，同学们通常是敢怒不敢言，否则就要挨骂或挨打。③他们自己经常不戴红领巾，不遵守班级的纪律。当学校的值勤生扣除我班的得分时，他们就主动去找扣分的值勤生算账，要么骂值勤生，要么拿值勤生的东西。

1."小团体"的背景资料

(1)学生王某、张某的父母均以开小超市为生，每天起早贪黑，无暇顾及自己孩子的学习。他们中午一般不回家吃饭，父母只是让孩子在街上买饭吃或者到小摊上随便吃点小吃，偶尔也过问一下孩子的学习情况，当得知情况不佳时，对孩子非打即骂。没有家长的管束，孩子在外面玩的时间就长了，接触的人、事也增多了，就逐渐养成了无所不为、逞强好斗的坏习惯。

(2)学生李某的父亲经销水暖材料，他的母亲专门为儿子上学做饭。对这唯一的儿子他们是疼爱有加，要什么给什么。李某的零花钱总是源源不断，每天变着花样买玩具、买零食。这些新鲜的玩意儿使李某的周围出现了一些仰慕者，供他指使。这让李某更加沾沾自喜，更加倾心于这些学习以外的东西。父亲在得知他考试成绩不佳或是在外面又惹是生非时，就会结结实实地揍他一顿。李某在这种家庭教育下变得更加执拗，更加任性。

(3)罗某是一个单亲家庭的孩子，爸爸再婚，他与妈妈生活在一起。在妈妈的眼里罗某是非常听话、孝顺的孩子，整天闷声不响，母子二人也很少进行沟通。在家里性格内向的罗某在同学眼里却是霸道、蛮横的。当同学们围在一起嬉闹时，他就会去轰散他们，当同学们谈论节假日的旅游见闻时，他就会讥笑他们小题大做，没见过世面，当同学挡住他的道路时，他不分青红皂白就将其推到旁边……总之，他用自己的言行尽力维护着自己那小小的利益。

2."小团体"问题行为分析

(1)家庭教育的空白,使这个团体的成员没有良好的行为习惯,得不到家庭的温暖,得不到父母真正的关心、理解。正因为如此,他们在内心深处更加渴望老师、同学的关爱、呵护。他们形成了一个"小团体",在课内外独来独往,目的就是要引起老师、同学对他们的关注。

(2)由于家庭环境、社会环境的不良影响,在父母面前唯唯诺诺、听话顺从的孩子,在他们的"小团体"中却无拘无束尽情发泄自己心中的不满和压抑。他们互相支持,互相隐瞒,互相帮助,久而久之他们则变得自由散漫,目中无人。

(3)这个"小团体"中的成员本质上并不坏,他们还能够区分利弊。比如说他们看重自己班级的荣誉,关心自己班级的得失,想证明"自己行",可他们没有养成良好的行为习惯,往往不自觉地给班级带来了种种不良影响。

3.对"小团体"教育辅导的策略

(1)加强与家长的联系,赢得家长的理解与支持。这四个孩子之所以结成"小团体",原因之一在于家庭。因此,我与家长及时取得了联系,开了一个小小的座谈会。座谈会上,我们分析了四个孩子形成小团体的原因,达成了共识。父母双方一要尽可能多地抽出时间照顾孩子的学习生活,尤其是多进行思想上的交流,当孩子犯错误或学习成绩不理想时要心平气和地询问、指导,避免打骂。罗某的妈妈刚开始不大相信自己的孩子在外面的表现,经过多次接触和了解,她逐渐相信了自己儿子的所作所为,并表示今后一定要少训斥、多交流,给罗某创造一种轻松和谐的家庭环境。李某的父亲主动提出以后要少给李某零花钱,以免他们在外面乱花、乱用,染上不良的习气。同时,我又建议家长们允许自己的孩子带小伙伴回家玩,他们四个既然能组成一个"小团体",那就说明他们能够进行沟通,我们不妨就多给他们一些交流的时间和空间。这样做既增进了他们之间的友谊,又可以通过他们的言行举止让父母进一步了解自己的孩子，而且带同学回家这一举动会让孩子产生一种自豪感，同时父母还会赢得孩子的敬重。

(2)多与团体成员交心，赢得学生的信任。①有针对性的谈话。经过多方了解后，我分别与团体中的四名成员进行谈话，逐个让他们自己谈谈最近一段时间的表现，再谈谈他们这个小团体每天干些什么事情，为班级、为本人争取到了什么荣誉。一次，两次……随着谈话次数的增多，我对每个成员的思想有了更深一层的了解。他们也被我的宽容、耐心所打动，慢慢地向我敞开了心扉，倾吐了自己的心声：怕父母、怕考试、怕竞争，喜欢玩电子游戏，乐于进网吧……②安排同学多和他们接触。生活在一个班集体中经常接触的自然是同班同学，利用这一客观条件，我将“小团体”中的四名成员重新安排座位，将其分别编排在四个学习小组，规定每天有一名组员辅导督促他们的学习，让他们在点点滴滴小事中感受到同学的关心和爱护。相互的交往、热情的鼓励，使他们重新回到了班集体这个温暖的大家庭中。③与任课教师共同去发现他们的优点。每个学生都有自己闪光的地方，需要我们细心去发现。通过与任课教师的交流我了解到：李某迷恋于玩电脑，罗某对手工制作有偏爱，王某的卡通画画得特别棒，张某比较喜欢体育运动。知道他们的这些爱好，我就建议他们发挥自己的特长，安排他们参加了学校的课余兴趣小组，同时我还和任课老师共同商讨，以后在课堂上多关注他们，多提问他们，让他们感受到教师的关怀，让他们有自信心。④补课。我常利用中午、下午的休息时间为他们四人补课。补课的内容由浅入深，在补课时对稍有进步的成员就予以表扬、奖励(发小红星、智慧小钥匙)并让他们四人相互竞争，以此使他们有学习欲望、有进取心。

经过一段时间的教育指导，他们有如下转变：①课堂上四人集体起哄的现象大大地减少了，能够注意听讲，主动向老师请教问题，更让我惊喜的是，现在他们能够坚持每天完成家庭作业。

②丰富多彩的课余活动和融洽的家庭氛围，使他们集体外出行动的机会逐渐减少。③原先“小团体”的帮派作风消失了，他们能以平和的态度对待同学，不再欺负小同学，校园里再也看不到他们“小团体”横冲直撞的现象了。④周一的升旗仪式上，他们竟然穿上了整整齐齐的校服，戴上了鲜艳的红领巾。

案例中的这个“小团体”是班级中的一个非正式群体。这个“小团体”存在着一系列行为问题，为班级的管理带来了负面影响。如欺负同学、扰乱课堂、随意拿取同学东西、不遵守班级纪律等，使得班级里的学生人心惶惶，敢怒不敢言。我们知道健全的、良好的班级是培养学生的基本组织形式，因为学生的学习、劳动、娱乐活动绝大多数是以班级为单位进行的、学生生活在这个集体中，班集体的共同奋斗目标、班集体的规范、压力、内聚力、正确的舆论、荣誉感以及班集体内的情感体验，无时无刻不在教育和影响着班集体内的每个群体及群体内的每个人。反过来，这些群体和个人对班集体的奋斗目标及良好班风的形成等都起着举足轻重的作用，有着直接的影响。这种影响是双方面的，即能产生正负两种效应。当非正式群体的目标与班级目标一致时，能够促进班集体的进步和发展，增强班集体的凝聚力，有助于班集体的利益；反之，非正式群体目标与班级目标相违背时，则不利于班集体各项活动的开展，也有妨碍班集体的建设与发展。案例中的这个“小团体”明显背离了班级的目标，和班级的其他成员格格不入。

非正式群体的产生都有其特殊原因，对于这样一个消极的非正式群体，班主任应该如何引导变成了关键。案例中的这位老师对这个“小团体”的行为进行分析后，并没有采取粗暴的方式来解决问题，而是去挖掘这个“小团体”背后的故事，找到“小团体”出现各种问题行为的根本原因，并努力地从根源上予以解决。通过家长合作、任课教师的配合、班主任的耐心和爱心终于换回了这个“小团体”的良好转变。

总之，优秀班集体组织建设是将正式组织与非正式组织相结合。就两者之间的关系而言，与其他社会组织不同，在班集体中正式组织先于非正式组织的产生。由于正式组织是按照班级规范而形成的，起初班级规范并没有立即产生相应的广为接受的集体行为准则。但班主任总是根据经验,形成由全班共同协商的规范,同时班主任会事先指定代理班委会,行使班级日常管理工作。非正式组织主要是在班级的日常运行过程中逐渐形成的,产生了基于兴趣的、基于学习的或基于活动的组织。班级内存在的这两种组织产生的时间有先有后,但他们之间的关系并不是从属关系。一般来说,他们是并列的关系,而且两个组织内的很多成员是交叉的。

基于以上认识,重视班集体的组织建设,首先要建设一个坚强和谐的班队组织。同时,要允许并鼓励积极向上的非正式组织的存在,以帮助组织进行沟通,增强组织内部的凝聚力,保护组织成员的心智健全发展。

第三节　班干部的选拔和培养

一、班干部在班集体管理中的地位和作用

(一)班干部是班集体的中坚和支柱

学生干部是集体的代表,是学生中的先进分子。他们最关心集体,最有集体荣誉感、责任感和义务感。他们积极进取,最有主动精神,最富于创造性的竞争意识。在班集体建设中,班主任起着主导作用,但归根结底是外因,要想把班集体建设好,更主要的是靠班集体内因的力量。内因力量的发挥程度又取决于干部作用的发挥程度,即中坚和支柱力量的程度。如果这个作用发挥得好,就能调动广大同学的积极性,从而形成合力,建成优秀班集体。

(二)班干部是班集体建设的组织者

建设班集体是个系统工程,它是在学校统一领导下,由各部门合作,发挥年级组和教师群体的积极作用,并通过多种教育渠道共同完成的。但是,班集体建设必须要在班主任指导下,通过学生干部的组织工作得以实施。实践表明,班集体中的干部水平越高,组织能力越强,班集体的自

我教育作用越大。

（三）班干部起模范带头作用

在班集体建设中，干部的模范带头作用会感染同学，会成为同学们的榜样，会无声地呼唤伙伴们去模仿。一般来说，一批好干部可以带出一个好班集体，反之亦然。这是因为，学生干部只有靠自己的带头作用才能得到同学们的信任，才能具有号召力，才能团结同学，成为同学们的小“领袖”。

（四）班干部是把学校教育变成学生行为的桥梁

为实现教育目标仅靠个别教育是不行的，必须采用集体教育的途径。学校通过集体教育，把集体要求变成个体行为，学生干部客观上起到了桥梁作用。我们在落实规范的调查中发现，在规范达标班中，学生们公认的优秀人物几乎都是学生干部，正是由于他们身体力行的桥梁作用，才使学校要求在广大学生中迅速落实。

（五）班干部是班集体正确舆论的导向

在班集体建设中，健康舆论的形成仅靠教师的说教是难以奏效的。班干部是同学们的同龄伙伴，他们最容易心灵相通，以班部为核心的集体教育效能要大于教师个别教育之和。一般来说，干部集体的影响会成为班集体正确舆论的导向。班集体的正确舆论一旦形成，良好的班风将随即而立，这个集体就会蒸蒸日上。

（六）班干部是班集体人际关系的疏通者

班集体的人际关系，包括师生关系、干部和教师的关系、干部之间的关系、干部和学生的关系、同学之间的关系等。在这些关系中都少不了班干部，他们的中介作用是举足轻重的。人需要交往，人际关系是交往的结果，没有活动就没有交往。班集体通过开展丰富多彩的活动，就为学生们广泛的交往创造了条件。在活动中，班干部既是组织者，又是集体活动的成员，于是他们就成为融洽和疏通人际关系的最佳角色。

二、班干部应具备的素质

班干部要具备十个方面的素质。

(1)思想进步,愿为班级服务。

(2)有一定的人际关系协调能力,群众基础较好。

(3)较敏感,能执行学校和班主任的各项指示,热爱学校,热爱集体。

(4)责任心强,能把集体利益放在首位,有很强的集体荣誉感,是非观念明确。敢说敢做,敢于负责。处处严格要求自己,事事能以身作则,起到好的表率作用。

(5)有理想,有道德,守纪律,讲文明,学习成绩较好。能做到工作学习两不误。

(6)有组织能力,口头表达能力,有独当一面的工作能力。

(7)能坚持原则,不徇私情,胆子较大,秉公办事。

(8)具有奉献精神,能吃苦耐劳,热心为大家服务,乐于助人,尽力为同学排忧解难。

(9)谦虚好学,能倾听不同意见,团结同学。

(10)诚实可靠,能做到老师在场和不在场一个样。

案例

我当班干部了

昨天真是一个激动人心的日子。我现在回想起来,心里还有点扑通扑通地跳。知道为什么吗?告诉你们,昨天下午,我们班举行了紧张的班干部竞选。

当班主任老师宣布竞选开始时,同学们都你看看我,我看看你,谁都不敢第一个走上台去,教室里静得能听到大家的呼吸声。

我也很紧张,心里一遍又一遍地默念着写好的演讲稿。看到没人上台,想到自己是个老班干部,应该带个头,就下定决心上去“拼”一回。

我猛吸一口气，信步走上讲台，虽然别的同学不知道，但我明明感觉到自己的脚在颤抖。走上讲台后，我开始了热情洋溢的演讲，因为演讲稿早已背熟，所以一切很顺利。演讲完了，我松了一口气。啊！真没想到我是“第一个吃螃蟹”的人，我的心中有说不出的自豪。在同学们雷鸣般的掌声中，我像英雄一样凯旋。

受到了我的感染，同学们纷纷走上了讲台，发表自己的竞选演说。

演讲结束，开始计票、唱票了。我的心扑通扑通地跳得更厉害了，当看到自己的票数在一张一张地增加，我悬着的心也放了下来。时间一分一秒地过去了，结果也“出炉”了。班主任开始报票数了：“周静××票、赵天瑜××票、任慧35票……”啊，我是35票！35票！超过半数了！我成为班干部了！我是班干部了！我激动地恨不得向全世界的人说“我当班干部了！！！”

激动之余，我也在心中默默地念到：同学们，相信我，对班级里同学的承诺，我一定会做到的！

班干部在班集体组织建设中起着举足轻重的作用，正如俗语所说“火车开得快，全靠车头带”。一个班级，就是一列火车，班干部就是这列火车的车头。车头跑得快不快，跑得好不好，决定着这列火车的命运。因而在班集体组织建设中，必须有一批关心集体，办事认真，作风正派，能团结同学，愿意为同学服务，能起模范带头作用，在同学中有一定威信和有一定组织能力的班干部，才能带动全班同学不断地向更高的目标前进。

班干部的选拔与培养是优秀班集体建设的关键环节，因此，选择什么样的学生当班干部，通过什么程序产生班干部，怎样对班干部进行培养等问题是班主任首先要明确的。

三、班干部的职责

班委会一般由班长、学习委员、生活纪律委员、文体委员、卫生委员五人组成，各个岗位有各自不同的职责。

1.班长的职责

班长担负教育、组织和领导班集体的职责，负责班委会的日常工作。包括协助班主任草拟、制定、落实学期(阶段)工作计划，及时做好学期工作总结、评比；协调班干部之间的工作，督促各委员按时完成各自的工作任务；随时向班主任反映班级工作情况，请示汇报阶段工作；教育学生，做好同学的思想政治工作；负责向学校或有关部门反映学生对学习、伙食、卫生、业余文化等方面的意见和建议；负责主持班会和班委会。

2.学习委员的职责

负责本班学习计划的制定和实施，指导同学制定各自的学习计划；督促和帮助同学按时完成作业，广泛听取、收集同学们对各科教学的意见和建议，并及时向任课老师反映；组织同学们开展学习经验交流、专题讨论等，使同学们随时解决学习中的问题，不断改进学习方法，提高同学们的学习积极性；经常与科任教师和各学科代表联系，了解、掌握每个同学的思想和学习情况；组织本班同学的课外学习；协助班主任、班长，教育每个同学明确学习目的，端正学习态度，改进学习方法，学好各门功课。

3.生活纪律委员的职责

负责本班学生的考勤和生活纪律的检查、监督以及对违纪同学的批评教育；收集、反映同学们对伙食、生活管理等方面的意见和建议；处理同学们在生活纪律等方面的日常事宜。

4.文体委员的职责

负责组织本班的各项文体活动，动员班内同学积极参加各项文艺比赛和体育锻炼，活跃业余文化生活，培养健康的课余情趣；负责办好墙报、黑板报。

5.卫生委员的职责

负责制定本班卫生责任制度、卫生公约、卫生检查评比办法及相应的奖惩措施，并检查监督执行情况；组织班内值日，负责本班教室、宿舍、清洁区的卫生和评比表彰工作；协助校医做好本班同学的健康检查、卫生指导和监督，建立健康档案，预防疾病传染；负责对同学进行卫生知识的宣传教育；负责收集反映本班同学对饮食卫生、环境卫生等方面的意见和建议。

在班级管理工作中，各班委之间既要分工明确、各司其职，又要齐心协力、密切配合。

案例

这是我的责任

记得中队长讲过："责任一词对于我们来说就是我们应该做的事或是分内的事。医生的责任是救死扶伤；军人的责任是保家卫国；教师的责任是教书育人，为国家培养下一代接班人；而我们学生的责任是努力学习，奋发读书。"没错，学习是我们最应负的责任，可我们就这一项责任吗？不是的，在各方面还是有我们要负的责任。

在卫生方面，我们每个人都要负责。比如说咱们自己的班级里，讲台前有些纸屑，同学们都没有主动去捡起来扔到垃圾桶里，直到班干部用命令的中吻说："喂，你把这些垃圾捡起来扔掉。""凭什么，这又不是我的纸，再说了，你是班干部，你为什么不捡！"那位同学很不满地说。班干部一看拿她没办法，就去找老师，老师指责了她，可她却很无辜地说："老师，那纸真不是我扔的。"尽管这样，最后她还是无奈地捡了纸，之后，老师也批评了班干部。

班干部是集体的领头雁，是同学们学习的榜样，因而要以身作则，时时刻刻要注意自己的言行，成为学生心目中的楷模，既然班干部看到了，伸伸手捡起来就是了，有必要"用命令的口吻"指挥别的同学去做吗？当遭到同学的拒绝后又去找老师，把原本一个很简单的问题搞得复杂化了。问题出在哪儿呢？这可能要从两方面来分析：一是这位班干部是不是具备当班干部的素质，对班干部的职责是否明确；二是这个班的同学是否有集体荣誉感和责任感。

作为班干部，必须处处严格要求自己，事事能以身作则，起到好的表率作用，而且要具有奉献精神，能吃苦耐劳，热心为大家服务。这是作为班干部的基本素质。班干部不是命令的发出者，而应是班级同学的服务者，应该起到模范带头作用，而不是和同学计较。遇到小问题就找老师，那么班级的组织运行恐怕是不正常了。从同学这个角度分析，这个班的同学缺乏基本的责任感，更不用说有集体主义精神了。作为这个班级的一员，有义务维持教室的环境卫生，而不是讨论是谁扔的纸屑。所以，作为班主任也不能对两个人批评之后了事，更重要的是让班干部明确自己的职责，对其他同学也要进行相应的教育。这样才有可能使班级组织的运行处于最佳状态。

四、班干部的选拔策略

（一）任命制

即由班主任推荐和任命。这种形式在班级刚刚组建时比较多见。在接班时，应进行深入的调查研究，摸清本班学生总的情况和每个学生的具体情况，并加以分析，排队物色干部，选拔那些德、智、体等方面全面发展、在同学中有一定的威信、具有一定工作能力的学生担任班干部。如果班主任接的是一年级新班，可通过各种渠道进行了解，临时指定有一定工作能力而又热心班上活动的学生为过渡班干部，在实践中加以考验和锻炼，经过一段时间后再进行民主选举，选拔出班干部。

在班级干部需要增补时，新增加的学生干部可以由班主任任命。班主任有时会遇到班级干部由于主观或客观原因而无法履行班级干部职责的情况。为了使班级工作正常开展，需增补或更换个别班干部，此时可采用班主任任命法。

另外，班主任为了转变某些具有鲜明个性特长的后进生，发挥他们的一技之长，让他们当班级干部，例如体育优秀的学生当体育委员，能吃苦耐劳的学生当劳动委员等。这种用后进生的优点来克服他们缺点的方法，对于帮助他们树立自信心，克服自身的不足，具有明显的作用。

采用任命法，要特别注意以下几个问题。第一，在任命学生干部之前，要通过查阅学生档案，与学生干部接触交往，了解他们的情况。使所任命的班干部既能全心全意为同学服务，得到绝大多数学生的认可，又能圆满地完成老师交给的各项工作。第二，对于个别后进生当学生干部一定要慎之又慎。否则不仅不利于后进生的转化，反而会给班级工作带来不利影响。第三，建班初期任命的班干部任期不能过长。大约经过一个月的时间，在同学之间有了进一步了解，每个人心目中也有了理想的人选时，班主任可以采用民主选举法，让学生选举产生第一任班干部。

（二）选举制

即通过学生提名和投票民主选举产生。选举形式可根据学生的年龄特点采取多种多样的方式，比如中低年级学生可采用《投豆豆》活动，看谁背后碗中的豆多，谁就当选；高年级学生可举行候选人竞选演讲，鼓励学生自荐，同学投票选举，获选票多者当选，选出新班委后，举行就职宣誓等活动，为学生施展才华创设公平竞争的平台，有助于培养学生的竞争意识、民主意识和公民意识。

（三）轮换制

即根据一定的规则，班级干部轮流担任。这种形式的优点在于使更多的学生有锻炼才干的机会，也能培养班干部能上能下的优良作风，增强服务意识。这种制度一般宜结合选举制选出班级干部，实行“短期改选制”或“轮流执政制”，但原班干部必须全部或大部分更换。

（四）常务班委制和值日班长制的双轨运行模式

有经验的班主任通常采用常务班委制和值日班长制的双轨运行模式。常务班委会成员要通过竞聘选举产生，他们大都是一些各方面突出的精英学生。由于班干部是通过学生民主选举产生的，所以能得到学生的信赖和支持，有利于他们创造性地开展班级活动，也有利于增强班集体的凝聚力。在常务班委会正常工作的同时，采取值日班长制。值日班长采取轮流担任的方式，目的是给每个学生都提供锻炼机会。这种方法可以说是综合了选举制和轮换制两者的优点，优化了班集体管理。

案例

值日班长梦

今天，我的梦想成真了，当上了值日班长。

1.压力

早上，我在讲台前一站，蹦跳的心顿时悬了起来。我感到自己有点“高高在上”，人也一下子长高了，同学们的眼神似乎都在盯着我，我不由自主地挺直了腰板，清清嗓子，大声说“请同学们读课文！”说完，我一点也不敢怠慢，连忙带头读了起来。我两眼紧盯着课文，生怕读错一个字，被同学们笑话。你信吗？这是我读课文最认真的一次。

2.招数

早自修，我乐滋滋地站在讲台前，但发现下面有几只“小麻雀”用书当盾牌，在悄悄地讲话。我心一横，大声嚷起来：“谁不认真，站到上面来！”真气人，他们还是外甥打灯笼——照旧。这招不行，再来一招：“谁不认真读，我把他的语文书扔到垃圾桶里去！”说完，我环顾四周，发现不但“小麻雀”不停嘴，反而多了几个偷笑的同学。“你扔呀，我们就怕你说了不扔。”不知谁冒出了一句，几个同学哄地笑起来，气得我胸口发闷，脸儿发烫，站在那儿不知该怎么办才好。噢，对了，有办法了！我大声说：“谁不认真，抄课文100遍！”这一招还真灵，“药到病除”。可细细一想，这一招，依老师的话说不太科学吧。哎，今晚我又多了一个作业：寻找对付“小麻雀”的绝招。

3.为难

今天，几个“捣蛋鬼”的老毛病又犯了，特别是张世宇，更是得寸进尺，气得我火冒三丈。让他榜上有名，叫老师狠狠地处理他。“错了，错了，原谅我吧！”当我刚记下张世宇的名字，他就苦苦地哀求起来。我心乱如麻，记吧，他在求我了；不记吧，要是别的同学也学他的样，怎么收拾？我真不敢再往下想，可最终还是心太软，原谅他了。心软的我又不安地问自己：“这样做对吗？”

这是一个值日班长写的日记，记录了这位值日班长工作中发生的三件事：早上领读课文、早自习管理纪律和违纪同学管理。一天的值日生涯，让这位值日班长感受良多：初任值日班长的兴奋、遇到同学不守纪律时的生气、面对同学认错求情时的矛盾等。从中可以看到值日班长制度对班级管理与学生的成长都具有积极意义。首先，调动了学生的积极性，增强了学生的责任感。这位值日班长在日记中写道："你信吗？这是我读课文最认真的一次。"而且认真地去"寻找对付'小麻雀'的绝招"。其次，体会到班干部的不易，有利于班级团结。由于值日班长制度给每个人提供了一次当班长的机会，使同学之间、干群之间加深了了解，使同学之间的关系密切起来。再次，理解老师的难处和心情。由于管理者和被管理者经常有转换的机会，有利于加深同学们对教师工作的理解与支持。

总之，值日班长制改变了原来只有少数班干部管理，大多数学生自觉或不自觉接受管理的局面，把平时对少数学生工作能力的培养转变到向全体学生的轨道，做到班级管理全员参与，让所有学生成为班级工作的设计者、组织者、管理者。实践证明，学生很愿意积极参与，在自我教育、自我管理、自我发展的实践中，培养责任感、集体观念和协作精神，使学生的积极性、创造性和丰富的个性沿着健康有序的轨道发展。

五、在工作中培养班干部

与选拔学生干部同样不可忽略的是对他们的培养和使用。学生干部一经确定，便成为班级的领导核心。如何使他们发挥自己的聪明才智，富有创造性地开展班级工作，是每位班主任都必须面对的重要课题。因此，班主任在培养使用学生干部时，要对他们进行有计划、有步骤的培养和指导：

（一）明确班干部的工作职责

1.计划目标引导，职责分工到位

每一学期，班主任应根据班主任的工作计划，提出班级工作目标，并要求班委干部依此也制定出班委工作计划和各项奋斗目标，协助班主任搞好班级中各种事务。与此同时，班委成员明确分工，各司其职，并制定相应的班委会务制度，让每一位干部都能充分发挥自己的聪明才智。

2.信任班干部，放责放权

一般来讲，班干部都是一个班里的“拔萃人物”，他们在全班同学中有一定威信，受同学们的尊重，因此，班主任可把学生的管理权适当地下放给班干部，如学生的思想政治工作、学习目标管理、班中的日常工作安排、班队活动等，都可由班干部主持。班主任则可利用每周班会，了解工作情况，加以调控指导。这样可以充分发挥班干部的积极性，达到学生自我管理的目的。

（二）加强对班干部的教育引导

首先，要教育班干部树立为同学服务的思想，使他们认识到担任班级干部工作是光荣的、艰巨的，要做好工作应该任劳任怨，懂得班干部应该是同学的表率，自己处处要以身作则。其次，要对班干部进行团结友爱教育，班干部之间要互相支持，共同协作，彼此信任，齐心协力搞好工作，团结全体同学共同去完成各项任务。

（三）在集体活动中培养班干部的工作热情

集体活动是培养班干部的重要途径，无论是主题班会、节日庆祝会、各种文娱体育活动，还是春游、社会实践等活动，都是学生展现其才干的舞台。在这些活动中，让学生们自己去组织、去设计，让他们在“台前”亮相，班主任在“后台”指导。这样学生在展现其才干的过程中，就会不断增强自己当干部的积极性和为集体服务的热情。在实际工作中予以指导，是培养班干部的主要方法。

（四）帮助班干部处理好学习与工作的关系

教育班干部合理支配时间。使他们学习、工作两不误。对一些学习上确实存在困难的班干部，班主任要发挥班级科任教师的作用，对其进行个别辅导，使他们闯过学习上的难关，坚定当班干部的信心。

（五）要特别重视保护班干部的积极性

对他们为班级所做的有益工作，要及时给予充分肯定，对偶而出现的问题和错误，班主任要主动出面予以解决，并为其承担责任。这样，班干部就不会因工作中遇到困难和挫折而打退堂鼓。

总之，对班干部既要交给任务，又要教给方法；既要大胆使用，又要精心扶持；既要热情鼓励，又要严格要求；既要在培养中使用，又要在使用中培养。

思考题：

[1]举例说明如何引导教育班级非正式组织？

[2]举例说明如何选拔和培养班干部？

第五章 用制度来管理班集体

第一节 班集体制度建设的价值取向

制度建设是班集体有效管理的重要环节，制定制度的目的是为了保障学生全面自由的发展。许多班级不是没有制度，相反的是，班集体的规章制度太多了，而且，有相当一部分的班集体都制定出禁止学生在不同场合下所不能做的事。这种制度在语言上往往采取禁令性的权威语言，如：禁止上课讲话、禁止在课间打闹、不得拖拉作业等。用这类禁令性的语言来表述的班集体制度是一种被动的、约束型的管理，容易使学生对制度产生误导，认为制度是对人的意志和行为的约束与防范，而忽视对人格尊严、生命意义的认可。长期在这种约束型的班集体制度的管理下，学生易产生消极、抵触情绪。著名教育学家斯宾塞曾指出："记住你管教的应该是养成一个能够自治的人，而不是一个要别人来管理的人。"①要让学生真正形成规范意识，内化成自觉的行为，光靠强制性的禁令管理是远远不够的，更重要的是激励机制和正面的引导。

一、班集体制度建设的基本价值取向

当然，在没有约束力的班集体制度的管理下，班级的教育教学就不能正常运行，并有可能沦为一个秩序混乱的班级。如何让每一个学生都能在受约束的同时又得到激励和发展，班集体制度建设的基本价值取向是什么，这是我们每一个班主任和教育工作者都要思考的问题。

① 南京师范大学教育系.教育学[M].北京：人民教育出版社，1984：95.

(一)关爱学生,健全人格发展

日本学者认为人格包括学习意志、学习兴趣、学习态度、情绪稳定性、责任感、协调性、自我概念、向性等。优良的人格品质会主动迁移到学习活动中,能有效地提高学习力。成长中的儿童和青少年,知识经验不足,生理和心理未臻成熟,但是,他们有旺盛的求知欲和巨大的发展潜力。这些潜力的发展,不仅有赖于适当的社会环境条件,而且需要个人良好的心理品质。国内外关于智力与非智力因素关系的研究表明,好奇心、求知欲、上进心和坚持性等非智力因素或人格特征,对于智力发展有重要的促进作用。个人智力和人格相互作用生成个人学习力,所以培养学习力就必须从学生的全面人格教育入手,从而促进学生知识技能的获得和智力的发展,并最大限度地促进学生潜力的发挥。健全人格为个体将来工作成就和事业成功打下坚实的主观基础。一个人做什么工作、取得多大的成就,不仅与他的知识和智力水平有关,而且与他的人格特征有着更为密切的关系。传统教育有可能培养出高知识、高智能的人才,但高知识高智能未必是高创造性和高成就的,这是因为一个人的成功更需要良好的心理品质。有的人虽然未受过良好的教育,但他们在事业上却能取得巨大的成功,这主要是因为他们具有优良的心理品质。优良的品质不仅在一定程度上可以弥补他们知识的不足(通过主动积极的自我学习和实践探索),而且使他们敢于接受挑战、敢于冒险、不怕失败、把握住每一个机会、不屈不挠地走向成功。个人的幸福和心理健康主要取决于人格的平衡和健全地发展,一个人的知识和智力处于中等水平,并不妨碍他获得幸福的生活和健康的心理。只要他人格各方面发展比较平衡,有健全的自我、乐观的性格和正确的人生观,就可能比许多高智力高知识的人更幸福。知识和智力与健康和幸福并不是成正比的,有的人知识智力水平很高,但人格发展不健全,因而痛苦终生。

教师真正的关心和爱护是从小培养学生的自立自强精神,这样的孩子经得起挫折,懂得自尊自爱,富有进取精神和毅力,始终保持良好的心理健康状态。但也要注意的是,“严”要有人情味,能让学生接受“严”也应该有“爱”，应该站在学生的角度为学生考虑，能让学生体会到老师是真正保护他们爱护他们的，从而养成学生生活自理、自觉守纪、自主学习的好习惯。尤其是有些留守学生由于基础差，成绩不理想，学习的自信心不足。如果老师重视不够这些，这些学生往往会破罐子破摔，成为“问题学生”。作为一个教育者，不仅要上好课、教好书，也应该善于利用时间和机会，充分调动学生学习的积极性，增强他们的自信心，激发他们的求知欲，要做好这个工作，最重要的是要取得学生对自己的信任。为此，老师应放下架子，主动与学生谈心、交朋友，倾听学生的呼声，了解他们内心的真实想法，发现他们的长处和优点，有针对性地在不同的场合，有的放矢地表扬他们，让学生的内心感觉到老师的表扬是真心的、真诚的。另外，要多开展班级活动，调动每个学生的潜能，发挥他们的特长，让他们在同学面前感觉到自己也有优点，也是很露脸的。这样做既可以增强班级凝聚力，又可以增强学生自信心、自强心，还能激发他们的学习兴趣，体会学习的快乐。

（二）良好生活习惯的养成教育

农村学生由于父母长年在外打工，没有时间照顾孩子，感觉情感上亏欠孩子，想在钱物上给孩子更多的补偿；而孩子由于年龄小，自制力差，自理能力更差，花钱没有计划很随意。有的学生每周花钱多则几百元，少则也有上百元，而钱却大部分用在吃的零食和玩耍上。表面上看花费钱财是小事，可是用零食代替主食必然影响学生的健康，天天吃零食也影响其他学生的消费观，破坏学校的环境卫生，这在一定程度上影响自己的消费习惯，同时也对他人产生影响。作为班主任应该进行适当的引导，首先要与家长或其代管亲属取得联系，适当控制学生的钱袋子，把钱花在恰当处。其次，进行亲情教育。引导其认识到父母的钱来之不易，再次要在班上狠抓一个“严”字。为此，要天天讲，经常讲，课堂讲，班会讲，课外看到学生吃零食还要讲。老师要善于捕捉师生和生生间的思想感情、行为处境方面的共同点，在思想上因势利导，引发这类孩子的思想转化，使他们引起共鸣，产生积极向上的思想情感。

(三)培养社会发展需要的人才

从社会发展的角度来看,学校教育的基本目的是为社会发展培养所需要的人才。学校不能关起门来进行教学,培养温室里的花朵,而应面向社会,培养出能经受住社会风吹雨打的参天大树。当代社会是一个迅速发展的社会,无论科技文明、社会生产,还是人的生活方式和思想观念,都在不断更新,知识老化的速度在加快,"知识的半衰期"愈来愈短,尤其是在科技方面更是如此。面对这样一个推陈出新的社会,社会的竞争归根结底是新思想、新知识的创造力的竞争。在这种形势下,学校教育最重要的,不仅给学生"金子",使学生汲取前人的知识,还要使他们获得知识学习的能力和创造知识的能力。只有交给他们这把"金钥匙"和这种"点金术",才能打开当今知识的宝库,才能在当代社会激烈的竞争中立于不败之地。

因此,我们需要更新教育观念,加强学生的综合素质培养。李岚清在全国素质教育经验交流会上说:"素质教育的本质是要按照党和国家的教育方针的要求,使学生成为品行高尚、身心健康、知识丰富、学有所长、思路宽广、实践能力强、能适应社会发展的'四有'新人。"他又指出:"素质教育应包括思想品行素质、科学文化素质、身体素质、心理素质。"这些论述说明了素质教育的本质内涵,同时也指出了素质教育的内容和要求。以往我们的学校由于受应试教育的影响,过分强调学生的学习分数,造成学生学习目的不明确,态度不端正,理想信念模糊,道德观念淡漠,集体观念缺乏,思维方法僵化,实践能力差,创新意识不强,这使我们培养的人才在学生阶段没有打下良好的基础,心理素质差也就在所难免。所以,把实施素质教育当作教育的头等大事来抓,是解决学生心理健康问题的基础。教师不仅要重视教书,更应该重视育人。育人是全方位的教育,除了课本知识的教学以外,思想品德教育、身心健康教育、创新能力教育等,都要通过每一位教师的教学,贯彻到教育的全过程。教学分学科,教育则是全方位的,教师如果把自己分教学科外的教育当作分外的工作,就是不合格的教师。教师从与学生接触开始,就时刻要考虑自己的育人职责,如为人师表、公正平等的对待学生;教育学生端正学习目的,及时发现和纠正学生的不良思想和作风;创造宽松的学习氛围,耐心启发学生刻苦学习,鼓励学生开展创造性思维,不要机械的死记硬背,强调培养分析问题解决问题的能力;充分发挥学生的个性,根据学生的气质、性格、兴趣、能力来培养学生,做到因材施教。要改变以往单纯课堂讲授的教学方法,运用讨论式、启发式、点评式、导读式、实验式等形式,调动学生学习的兴趣和自觉主动性。把现代化教学手段引入教学之中,使抽象的教学内容形象、生动、直观的表现出来,促进教学的有效性,同时这对学生调整学习心态,促进心理健康也十分有益。

二、约束与激励方式的统一

严格的管理并不一定体现为管理规则本身的严密细致。以苛刻的规则来加强管理,反映了管理者观念上的落后和认识上的片面,管理规则过于繁琐苛刻,既容易使管理者产生惰性,过于依赖制度来管人;也压抑了被管理者的创造积极性。科学的管理应该充分发挥每个人的潜能与智慧,使之真心实意为了集体的整体目标去奋斗,也就是尊重个人价值与尊严的管理,体现出"以人为本"。班级管理中,学生既是被管理者,又是主动进行自我管理和参与管理的人。为了做好班级管理工作,必不可少的就是要充分调动起全体学生的班级主人翁意识,是他们积极投入到班级管理中,从而形成良性循环。要想最大程度的调动起学生自我管理和参与管理的意识和激情,班主任要做的不是强加要求,不是硬性制定规章制度,而是合理运用激励机制,运用某种外部诱因,调动学生的积极性和创造性,激发学生的管理潜能,激发学生的责任感、使命感、认同感,使他们产生一种自觉的发自内心的精神力量,使整个班级向内形成自发的管理境界与层次。

激励就是以外来因素影响的方式,以某种精神或物质的刺激,通过人的需求影响人的动机,从而使人精神振奋,达到影响人的目的。美国当代心理学家波特尔和罗勒尔的激励理论模式这样描述:"激励→努力→绩效→奖励或制裁→满足。"由此可见,运用激励机制进行班级管理,就是要求班主任针对学生实际,采取有效的激励手段或措施,抓住良好的教育契机,来调动学生自己教育自己,自己管理自己的主动性、积极性、创造性,并鼓励学生参与班级管理，以促进整个集体的向上发展。

（一）运用约束激励机制的原则

激励的过程是一个外因通过内因起作用的过程，要达到最佳的激励效果，必须遵循以下四个原则：

1.因人而变原则

人有物质生活需要和精神生活需要。学生是学校这个“小社会”中的成员，他们的需要越多，越丰富，固然表明他自身越发展，但也表明他对外界的依赖性越强。不同的学生有不同的需求，激励操作只有符合不同学生的个性心理特征，符合不同学生的内在需要，符合教育教学的基本规律，才能调动每一个学生的积极性、主动性和创造性，以求达到最佳的教育效果。为此，要求班主任必须坚持因人激励的原则。如通常为大多数班级所采用的开展评比“文明学生”、“进步学生”、“特长学生”、“三好学生”等活动形式，就是根据各个学生自身的特点，从他们的最近发展状况出发，确定每个人的奋斗目标，调动他们的积极性，对于部分特殊学生，还应该恰当降低激励的标准。能使所有学生产生积极向上的心理体验的策略才是成功的激励机制。

2.因时而异原则

《学记》上有句话：“当其可时谓时。”意思是说，要按照学生的特点，选择适当的时机进行教育，才能叫“及时”。心理学研究表明，及时激励的有效度为80%，滞后激励的有效度仅为2%。教育者应善于捕捉时机，及时对学生平时的点滴进步给予表扬。通常最佳的激励时机主要有：面对新的学习环境时（新到一所学校或班级），取得新的成绩或在某方面取得成功时，对某种需求有着强烈愿望时，对过失有悔过之意时，遇事犯难、举棋不定时，处于某种生理或心理困境时，等等。掌握激励控制的最佳时机，是激励控制艺术的内在要求。教师选择最佳时机对学生实行激励教育，往往能收到事半功倍的教育效果。

3.因地制宜原则

班级是学生生活学习的主场所，但教师对学生的激励不能只局限其中，更多的激励技艺往往体现在“随机评价”中。一般来讲，无论是教室还是餐厅，是办公室还是运动场，是路上还是车上，教师均要因地制宜，抓住“闪光点”随机激励。如学生获得了1500米长跑的第一名，十分疲惫，班主任可以向他竖起大拇指：“真了不起，你是我们班的骄傲！”学生听了以后一定会力量倍增，下一个项目他会更加奋力去拼夺好成绩。试想如果这句话留到班会上去讲，诚然对班集体与个人都仍是一个鼓舞，但效果却不一样。

4.张弛有度原则

任何事物都有质和量的规定性，教师在运作激励机制的过程中，需要掌握一个恰当的度，心理学称之为“阈值”，低于阈值的激励，对学生不起作用；高于阈值的激励，又会使学生的积极性变得脆弱或引起学生焦虑反而失去兴趣。因此，在制定激励目标时教师必须从学生实际出发，合理预测激励效果，应符合“努力→再努力→可以实现”的规律。频繁的奖惩也会降低对学生成就动机的激励效果，要间隙、渐进的强化奖励，才会收到较好的效果。另外，通过信息的反馈检查和调节十分重要：其一，学生成长的过程是一个不断完善的渐进过程，他们缺乏成年人稳定性，所以要不断地督促，不断地激励；其二，要特别注意采用激励策略后是否产生负面影响，哪怕只是对某一个同学的影响，教师有必要对激励机制实施有效的监控并及时进行调整。实施激励机制，可以进一步完善现代班级的管理机制，促进班级管理的现代化和科学化，提高班级管理的效能，可以最大限度地激发全体学生的积极性，使班级充满勃勃生机，成为一个团结奋进积极向上的集体；有助于学生的主体意识、民主意识等现代观念逐渐形成，学生自我管理、自我规范、自我教育、自我发展的能力得到锻炼，进而使学生的主动性、独立性、创造性等个性品质得到发展，而这一切正是现代社会的人才素质的最基本内容，对学生未来发展有深远意义。在班集体规章制度中多设激励机制，减少惩治手段，对学生量化考核多加分少扣分，对学生进行人性化惩罚，如罚上台表演节目、做大家的爱心小天使等，会比单纯地批评、约束效果要好得多。

（二）实施约束激励机制的方法

在班级活动中，教师要根据学生的需要，把握住教育时机，区别不同的对象，运用恰当的激励方法，使学生在参与活动的过程中，在同伴优秀的表现中，汲取营养，接受强有力的正向刺激，去寻求更高更新的目标，从而把教育者的要求内化为学生的心理需求，产生坚实有效的激励效应。激励机制的实施主要有以下几种方法：

1.目标约束激励法

需要引发的行为活动总要指向一定目标。目标激励，就是确定适当的目标，诱发人的动机和行为，达到调动人的积极性的目的。目标作为一种诱引，具有引发、导向和激励的作用。期望理论认为，人只有在预期自己的行动有助于达到某一目标的情况下，他的行动才会得到充分的激励，可以用下面的公式表示："激发力量＝目标价值×期望概率"，式中，激发力量是个体愿为达到目标而努力的程度，目标价值是个体对所要达到的目标的重视程度，期望概率是个体对行为活动能够导致目标结果的可能性的估计。这一公式表明：一个人把目标价值看得越重，估计实现的概率越高，被激励的程度就越强。这为班级管理中目标激励提供了心理学依据。班主任应善于引导学生制定目标，使班级目标形成由小目标到大目标，由近景目标到远景目标的目标系统。在引导学生制定目标时，一方面要进行人生观、价值观的教育，使学生有崇高的远景目标；另一方面应结合自己实际情况确定近景目标，不要盲目攀高，以便更好地发挥目标激励的作用。

2.职务约束激励法

有效的激励能产生巨大的精神力量。给龙以深水，而非误陷深潭；给虎以深山，而非逼入平地，在班级管理中应使"虎龙"各尽其能，各展其技。根据学生具有争强好胜和强烈的表现欲的心理特征，不少班级均采用了班干部轮值制的方式来优化班级管理。通过这种组织形式可以为每个学生提供展示的舞台，从而锻炼、发现、考察班干部苗子，更重要的是还可以强化自省意识和竞争意识，促使每个学生自发地进行换位思考，产生"我能行"的自信心，体会到成功的喜悦，从而激发他们的进取心和积极性，推动他们的学习热情。

3.情感约束激励法

情感是影响人们行为最直接的因素之一，任何人都有渴求各种情绪的需求。按照心理学上的解释，人的情感可分为利他主义情感、好胜情感、享乐主义情感等类型。“感人心者莫乎情”，教师要根据学生需要和情感之间合乎规律的联系，通过满足学生某种需求的方式，激发学生积极向上的情感和情绪。“没有学生心灵的唤醒，没有学生精神的参与，就没有真正的教育。”我们应走进学生，走向学生的情感世界，与他们的情感进行零距离接触。一旦将学生的情感调动起来，他们就会产生一种集体归属感，引起情感上的共鸣，从而会自觉地跟随教师前进，或按教师指引的方向前进。要信任学生，我们知道，刘备“三顾茅庐”力请诸葛亮显示出一个“诚”字，魏征从谏如流得益于唐太宗的一个“信”字。信任是人与人相处的润滑剂，它可以是加速个体自信心爆发，从某种角度上讲，自信比努力对于学生的成长更为重要。信任激励是一种基本激励方式，教师与学生之间、学生与学生之间的相互理解和信任，是一种强大的精神力量，它有助于班集体中人与人之间的和谐共振，有助于形成班级凝聚力和积极向上的良好班风。教师对学生的信任，体现在班级管理与活动中相信学生、依靠学生、发扬学生的主人翁精神上，尊重他们的意见和建议，放手让学生大胆尝试，从而最大限度地发挥每个学生的主观能动性和创造性。人的情感总受行动的支配，而人的激励又将反过来支配人的行动。教师应以富有情感的行为情感来激励学生，从而达到调动他们积极性的目的。

4.榜样约束激励法

我们常讲榜样的力量是无穷的，就是某种典型人物的行为，能够激发人们的情感，引发人们的内省与共鸣，从而起到强烈的示范作用。榜样就像一面旗帜，引导人们的行动，这比空洞的说教更有说服力和号召力，也更具有生动性和鲜明性，给人以鼓舞、教育和鞭策，激起人们模仿和追赶的愿望。在进行行为激励时要注意以下问题：首先，教师作为教学工作的组织者、领导者，其一言一行无时不对学生产生潜移默化的感染熏陶，因此每个教师应提高自身素质、爱生敬业，使学生从老师身上看到什么是“认真”、“诚实”和“进取”，并以此去感染学生；其次，要实事求是地宣传榜样的先进事迹，激发同学们学习和赶超榜样的动机；第三，是要引导同学们辩证地看待榜样，防止机械的、形式主义的模仿；最后，还要关心榜样的成长，使之不断提高、进步。

5.评价约束激励法

古人语："良言一句三冬暖。"鼓励的力量是无穷的，影响是深远的。美国的心理学家詹姆士曾说："人最本质的需要是渴望被肯定。"从人的动机看，人人都具有自我肯定、光荣、争取荣誉的需要。有人以两组学生为被试进行心算作业实验，对第一组只告诉他们尽量做好；对第二组则不断对他们做的结果做出评价。结果表明，第二组比每一组成绩好了16.5%。这告诉我们，评价作为一种信息反馈，对学生的行为活动有重要的激励作用。在班级管理中运用评价激励，第一，要注意有针对性和公正性，不能泛泛而论；第二，要注意评价的及时性，在第一时间对学生给予激励；第三，要注意评价的艺术性，公开场合应以肯定性评价为主，否定性评价则应在私下交流；最后，还要注意评价形式的多样性，口头的与书面的，语言的和非语言的，定期的和随机的，等等。有时一个眼神、一个动作会胜过一火车的说教，起到点石成金的功效。

第二节　班集体制度内容的要求

好的制度可以让坏人变好，而不好的制度也可以让好人变坏。譬如，有的班级卫生扫除分工不合理，而管理制度中也无相应的检查、评比和奖惩措施，形成了干和不干一个样，干多干少一个样，久而久之大家都和不干的看齐，一到大扫除一哄而散。有的班级缺少自习课的纪律管理制度，对如何上好自习课，既无学法上的指导又无行为上的规范要求，对自习课的违纪现象不能及时发现，及时制止，往往形成了班主任一人抓纪律的局面，老师在场时秩序良好，老师一走纪律混乱，等等。可以说，一个秩序混乱的班级，必然是一个组织管理混乱，制度不完善或不合理的集体。一个好的制度是不会从天上掉下来的，它需要在这个制度生活下的每一个成员全身心地参与，需要大家在实践中不断地寻找和磨合。一般说来，班级规章制度的制定要符合以下几个基本要求：

一、符合法律等相关规定

法律具有相对稳定性，而教育则是与时俱进的，班级制度不仅要依照教育法规，还必须依照灵活性较强的教育政策来制定。在我国，教育政策的表现形式是多种多样的：包括党的教育政策、国家行政机关制定的教育政策，还包括人民团体制定的教育政策等。创制班级制度所依据的法，应是广义上的法，特别是那些与班级管理相关的法，班主任应重点关注。从1978年教育工作全面恢复和重建之后，我国相继制定了一系列有关学生工作的法规。在全国人大或全国人大常委会制定的法律中，涉及学生管理的，如《义务教育法》、《未成年人保护法》、《教育法》、《预防未成年人犯罪法》等；国务院制定的某些行政法规，如《义务教育法实施细则》、《学校体育工作条例》、《学校卫生工作条例》等也是创建班级制度的重要依据。教育部（原国家教委）还相继颁布了一系列教育行政规章，涉及学生管理的较多，如《中小学德育纲要》、《中小学德育工作规程》、《中小学生守则》、《中小学生日常行为规范》、《中小学班主任工作暂行规定》、《关于高中建立学生档案的暂行规定》、《关于中学共青团工作几个具体问题的规定》等；各省（直辖市、自治区）、省会城市、经济特区市、国务院授权较大市的人大和政府，依据法律、行政法规还制定了大量的地方教育法规和规章，这些教育法规和规章在各地范围内生效，也是各地班主任组织制定班级制度的重要依据。

班级的管理制度，可以说是学校的管理制度的延伸，因此，班级管理制度不能违背国家的教育法规和学校的管理制度和管理要求。特别在对违反班级纪律的学生的处罚问题上，一定要尊重学生的人格，切不可出现体罚、变相体罚学生的现象。在这方面魏书生老师做得非常好，在他的班规中，用罚写班规、罚唱歌、罚给班级做好事等手段代替了冷冰冰的罚写“检查书”、扣个人量化分、罚劳动等做法，这样，既有教育警示作用，又特别人性化，值得大家学习。

二、符合本班的实际情况

任何制度都是一定范围内的群众利益与意志的集合，在班级生活中，学生是主人，是主体，因此班级制度应充分体现全班学生的共同利益和意志，必须坚持民主原则。在创建班级制度时，应从学生中来到学生中去，充分发挥学生的智慧与积极性，唯有如此，才能集思广益，使班级制度真正实现为全班学生的利益服务。在组织学生制定班级制度的过程中，班主任应多了解学生的需求，将学校和社会对学生的要求内化成学生的需要，吸收到班级制度中。制定班级管理制度，并不是班主任的需要，而是班级工作和全体同学的需要，同样制度的实施也绝不是班主任和班干部的事情，而是涉及每一个同学的切身利益。同时也只有学生知道自己的优点在哪，缺点在哪，需要从哪些方面去努力。所以，在班级规章制度的制定上，一定要走群众路线，初稿可以由班主任和班委会、团支部一起研究审定，但最后的确定一定要经过全体同学充分地参加讨论，充分地发表意见和发扬民主。因为只有通过民主讨论制定的制度，才能成为大家的公约，才具有合法性，也更具有科学性、公正性和针对性。只有这样的制度才能使强制和自觉较好结合起来，增强群众执行制度的自觉性。当然，正如立法一样，和谐制度的创建仅依靠群众路线是无法完成的，还应将群众路线与集中领导结合起来。在制定班级制度时，班主任应组织学生积极参与，让他们分组讨论起草。然后，班长收集各组记录，整理后交给班主任审阅。班主任在整体把握后，指出不足，提出修改建议，由学生针对建议进行民主讨论修改，再提交班主任过目。班主任最终审查后，将草案交由全班学生投票表决，表决通过后生效。学生的参与并不意味着班主任可以袖手旁观，在班级制度的创制中，班主任必须保持持续性的集中领导，发挥好导向作用。班级制度从形式上看是一种行为规范，但从本质上看它是班级各主体利益的均衡器和导向器，它承担着分配和协调班级学生之间、班级学生与班集体之间、班集体与学校乃至社会之间的利益的重任，应以体现权利为主，辅之以必要的义务，充分发挥权利和义务的双向协调功能。

三、力求全面，突出重点

和谐的班级制度，在内容上应当对学生的德、智、体、美、劳等方面素质的提高进行全面的规范。班级制度的视角应是多方位的，班主任对班级制度应全面规划，以促使学生素质全面发展。班级制度不仅仅是学生学习知识的激励器，更应是学生创新能力的激发器。对班级制度而言，要激发学生的创新精神和创新能力，应符合以下要求：一是确认和保障学生的主体地位，班级制度应以充分体现学生的存在为前提，所有的规则都必须是为了学生的全面发展和个性张扬而设置。二是要促进和保障创新氛围，班级制度应鼓励学生产生对自己创新能力的自信心和获得创新成就的勇气，积极鼓励学生去探索、选择新途径新方法处理问题，激发学生不断创新的欲望和需要，促使学生的心理处于追求不断创新的“临界”状态。三是倡导学生敢于质疑，提出一个疑问就是创新的开始，班级制度应保障学生具有既尊重教师又不迷信教师的敢想敢说的批判精神，为学生成长为开拓型人才铺展道路。

制度内容要依据班集体建设发展的实际需要来确定，既要全面又要针对不同阶段和不同特点的班集体而提出不同重点的要求。如班集体组建阶段，班级还是一个松散的群体，此时秩序是最为重要的，因此，纪律制度、卫生制度是重中之重。在班集体初具规模阶段，班级骨干力量已较明显，哪些学生可以成为班干部，哪些学生是班级中的积极分子，班主任已心中有数了。此时，可以开始建立班级岗位责任制度，还可以相应地建立奖惩制度和监督评价制度等。随着班集体建设的发展，除了这些基本制度之外，还可以根据班级工作中出现的一些特殊情况制定一些特殊的制度和规范。尽管我们要求班集体制度尽量全面，但每一次不要定太多的制度条例，不要面面俱到，大的方面管住，小的方面放活，否则只会培养出循规蹈矩、毫无生机、死啃书本的学生。

四、具有一定的弹性

班主任应当从制度上承认每个学生都有发展的潜力，平等地对待班内每一个学生，尊重每个学生的个性，为所有的学生提供公平竞争机会。班级制度不要戴上有色眼镜，歧视后进生。不应把奖励集中到少数人，而应分门别类地多层设置奖励，因为过多地赞美“雄鹰”，会伤害更多的“小鸟”。班级制度还应保障诚信友爱的师生关系，使老师和学生处于平等的地位，鼓励教师蹲下来看孩子，让学生在轻松的环境里率真地坦露他们的一切，构建师生相互合作、彼此尊重的和谐关系。

在班级制度制定过程中，既要重视奖励性的激励方式，也要善于利用惩罚方式，贯彻重奖慎罚的精神。为了张扬学生的个性，应把奖励作为主要的激励机制，在班级制度中应大幅度缩减诸如“违者罚”此类的条款，但对危及班级根本利益的行为，应保留必要的惩罚措施，对于普通的违纪行为则可给予温和的处理。要特别重视学生自我内化的过程，当学生犯错误时，不是马上惩罚，而是先提醒、警告，给予自我矫正的机会，惩罚只是最后的选项。学生是不成熟的人，社会经验少，犯错是正常的、经常的。其实，制度制定的目的也并非要杜绝学生犯错误，而是在于引导学生认识错误和改正错误。因此，班级制度的设定要体现宽恕精神，具有弹性化特征，给学生改正错误的机会，减轻犯错误之后的紧张感，这样才能收到长期的教育效果。[①]学生就像弹簧一样，你压得越紧他就越反抗，你应给他留有余地，压一下，放一下。所以，我们在制定班级管理制度时应有一定的弹性，给他们不断犯错的空间和时间，逐渐少犯错、不犯错。比如学生迟到，也可能存在合理的理由，但在僵化和缺乏关怀的制度下，学生毫无辩解的机会，学生不得不服从，因为如果不服从管理，又会违反“不服从班委安排者，每次扣2分”和“顶撞老师者，每次扣2分”的“纪律处罚”，这使得学生的个性、思想和情感受到极大的限制，学生对班级制度的认同也将受到严重的影响。在制度的制定时我们可以采取这种做法，如每一个学生每月有两次迟到五分钟且免于处罚的机会，每学期有三次迟交作业且免于处罚的机会，有一次不交作业的机会等，把这些要求形成约定性的文字张贴在班级中，在学生间形成普遍的约束力。这种做法可以让学生合理安排自己“犯错”的次数，从而逐渐达到规范要求。每个班级的学生都是千差万别的，所以在制定班规时的侧重点和奖惩的尺度也就不一样。有些班级的班规侧重于民主管理，以“法”治班为辅，内容上侧重于学习方面的严格要求。如“某某同学负责第一组前三排同学的英语课文背诵，没按时背熟者，用英文写500个单词的说明书，并且当天补背。”而对于一些“学困生”较多的班级，班规制定应侧重于“养成习惯”的培养。如“骂人者写500字说明书，在班读抒情散文一篇；下午放学未及时打扫卫生者，写800字说明书，第二次依然犯同样错误者写2000字说明书，并罚在周末放假的当天放学后补做清洁卫生。”[②]

① 袁健. 难得“糊涂”[J]. 班主任之友，2006(3)：26-27.

② 南京师范大学教育系.教育学[M].北京：人民教育出版社，1984：276-277.

第三节　班集体制度的执行策略

班级制度是一种具有一定规范性和强制性的行为规则，从结构上看具有同法律相类似的逻辑成分，应当包含“假定”、“处理”和“责任后果”三要素。“责任后果”是制度中关于对学生遵守规则或违反规则的行为予以肯定或否定的规定，肯定性后果是对学生行为合规性或有效性的评价，通常表现为表扬或奖励；否定性后果是对学生行为违规性和无效性的评价，通常表现为批评和惩罚。任何行为规范，仅有肯定性后果或仅有否定性后果都是不完整的，无论缺少哪一方面的评价，制度的强制功能和规范作用都难以正常发挥。在我国教育领域，奖和罚的运用曾出现两个极端：一个极端是传统的体罚式教育，班主任对犯错误的学生动辄罚站、罚款，甚至责骂或施以拳棒，将他们逐出校门。这种简单粗暴的“高压政策”和强制手段，扭曲了学生的心灵，使学生的心理品质得不到和谐的发展。另一个极端则是过分强调对学生的尊重和关爱，为了突出人文关怀而杜绝惩罚学生，即便是批评也要“和风细雨”，给学生越来越宽容的空间而给教师越来越多的限制。一味地表扬和宽容虽然张扬了学生的个性，但如果经受不住任何挫折和风险，其品质仍然不健全，甚至出现鄙视和敌视老师等极端行径。学生违纪是班主任经常遇到的问题，如何对学生的违纪行为进行科学的处理，引导学生形成良好的学习和生活习惯，是值得每一位班主任认真研究的问题。根据操作性条件反射原理和有效运用惩罚的原则，在我们教育教学过程中应时常应用，以维护正常工作的开展，它可以使我们在工作中正确、较好地纠正学生的不良行为问题。①

一、制度面前人人平等，惩戒不可随意

公平是学生最关心的一个话题。公平的尺度是制度，班级首先应制定班级管理和奖惩等方面的制度。只有严格落实这些制度，才能满足学生渴望公平的心理需求，起到公平的激励作用。对不同的学生在同样的

①于春红.恰当运用有效惩罚浅析[J].心理选摘，2010，9：5.

错误面前适用不同的标准,对自己认为好的学生宽中有爱,对不太好的学生苛刻有加,这一点是学生最敏感的,也是最反感的。在通过班级制度维持班级公平的过程中,应注意以下三个问题:一是制度本身的公平、公正。班级制度应该反映全体学生的利益,切忌制度对个别人的保护和对部分学生的伤害。制度本身的不公平是最大的不公平。二是制度执行过程中的公平、公正。保证制度面前人人平等,不因任何人而通融。三是制度的制定和执行应保证全体学生的参与度。只有大家对制度的理解,接受了大家的监督评议,制度的执行才会有保证。班级和谐离不开公平正义和安定的秩序,只有切实维护班级公平正义,学生的心情才能舒畅,各方面的关系才能协调,学生的积极性、创造性才能充分发挥出来。当面对学生进行惩戒时,只说事而不说人,对所有的学生都一个标尺。只要对每个学生都一视同仁,就可让学生从心底产生一种平等的心理,对所受惩戒才能心悦诚服,这样也才能做到真正意义上的"惩戒"。

据《中国教育报》报道,某中学生因不交作业多次受到老师的惩戒,可惩戒并没有收到良好的教育效果,反而加剧了其反教育行为,究其原因,是教师的惩罚过度。我们根据学生的"控诉"来分析一下这位教师的几种惩戒手段:一是罚抄课文。"罚抄的课文都是几千字的文章,一罚就抄10遍,抄不完第二天就乘以2,第三天就乘以3,永远也抄不完"。二是跑步。抄不完就跑步,"可跑步也跑不完,跑10圈还行,20圈就跑不动了。第一天没有跑完的30圈,第二天就变成50圈了。这样一来,要跑的圈数越积越多"。三是捡纸。跑不完就去捡纸,"可袋子太大,怎么也装不满"。如此高强度地惩罚学生有没有起到警示与教育的作用呢?有没有解决"不交作业"的问题呢?结果可想而知。学生因为一时的某种过错而忘做作业,本是一件简单的违纪行为,按照班集体制度的有关规定写一份检讨书就可以了。如果说是第一次忘做作业,甚至可以灵活处理,不作处罚,只要保证下次不要再忘交就行。如果衍生出许多其他惩罚性的教育行为,让学生不堪重负,最终就易沦为"差"生,其他惩罚性教育行为显然具有随意性。惩罚量大,带有明显的负效应,既达不到惩罚学生的目的,也使教师原有的威信丧失殆尽,给学生带来了无尽的烦恼。[1]

二、引导学生，自我惩戒

教育家马卡连柯认为，合理的惩戒制度不仅是合法的，而且是必要的。这种合理的惩戒制度有助于学生形成坚强的性格，培养学生的责任感，锻炼学生的意志和人的尊严感，培养学生抵抗诱惑和战胜诱惑的能力。班级管理中对学生的失范行为进行惩戒教育.无论是对学生的认知的提高、情感的陶冶、意志的锻炼，还是对学生性格与气质的形成，都将起到积极的作用。在执行上，教师要引导学生的参与，班集体制度是师生共同制定的，因此，学生不仅是班集体制度的制定者，更是班集体制度的执行者。在班集体制度的执行过程中，学生、班主任、任课老师、家长是一个密切配合的团队，其中学生是管理的主体。孔子说，对学生要因材施教。因此，我们说在惩戒学生上一定要注意受惩者的性格因素，要围绕性格进行惩戒。在惩戒之前，我们要充分了解受惩学生的情感、意志、兴趣爱好等，让学生在兴趣中自愿受惩戒，达到让学生吸取教训的目的，这样才能使我们的惩戒内容有的放矢，才能让学生在惩戒中认识自我，提高自我。

（一）"惩罚监督"自己管

为了保证班干部尽职尽责和公正值日，保持班级健康、持续、和谐发展，根据班级规定，可选举产生"民主监督委员会"，如作业统计委员会、安全委员会、财务管理委员会、民意调查委员会、家校通管理委员会、值班监管委员会等，对班干部及其下辖的学习和劳动小组组长、课代表、寝室长等进行监督，并针对值日班长当天的值日报告，作监督报告。讨论对"违犯者"如何责罚、责罚的方式和度、哪些是不合理的条款、班级下一步发展的计划和目标等。比如说，如果有的学生对人无礼，应在班上为大家服务；做了有损班级形象的事，应为班级做3~5件好事。当天的事情当天处理，每天由值日班长在临放学前公布当天情况，进行总结，每周五班会

① 吴庭之.例谈班规[J].教书育人：教师新概念，2006(2)：51-52.

时间由班长主持，班委会及下辖组长、代表等对当周情况进行总结，交换意见，找出本周班级发展的不足，讨论下周发展目标和计划，根据“规则”逐项落实，并由有关“委员会”反馈给班主任和家长。力争人人参与“监督”，让每一个学生都是班级管理者，人人都有一种光荣感、责任感、成就感。这样，学生们充分地感受到班级是一个民有、民治、民享的民主集体，感觉到自己是班级的主人，学生的自我约束、自我管理能力就在这样一种主人翁的自豪感中孕育、发芽。①

（二）“出错罚单”自己开

纠正学生的错误思想和行为是班主任的重要工作之一。“人无完人”，大大小小的错误总会伴随着孩子的求学时代。班主任如何教育犯错的学生，更能体现一个班主任的工作艺术。空洞的说教不能震撼学生的灵魂；讽刺挖苦只能伤害学生的心灵；放任自流只能让学生的错误行为越滑越远。为了尊重学生犯错的可能，使学生在宽松愉悦的氛围中，用“行动”而不是用“语言”来改正错误，班主任可以大胆设计“‘出错罚单’自己开”的纠错模式，让学生自己选择改错的方式。除去上面提到的几种外，还有如“认真听讲一节课”、“讲一个伟人故事”、“背一段名人名言”、“讲一下父母的辛劳”、“说说同学的优点”、“唱一首校园歌曲”和“写200字以上的说明”等多种，处理办法不得重复使用。学生自选处理办法，充分体现了以人为本的教育方式，这样既让学生认识到自身的错误，获得了改正的机会，又使学生在宽松、愉悦的氛围中改正错误，促进了学生身心的和谐发展。②

三、实行惩戒有关爱、有限宽恕制

严和爱是一个有机的统一体，只有在教育过程中对学生既严格要求又尊重关心，才能为班级管理建立一个情理交融的师生关系。教师要体现爱的教育，要将班集体制度维持好，必须让学生懂得彼此尊重。教师若要学生尊重别人，则自己一定先尊重学生，尊重每一个学生发展的需要，

① 吴庭之.例谈班规[J].教书育人：教师新概念，2006(2)：51-52.

② 吴庭之.例谈班规[J].教书育人：教师新概念，2006(2)：51-52.

尊重每一个学生的选择。当学生有侵犯别人的行为发生时,教师一定加以制止、规劝,教师给学生的榜样才是最重要的。要让学生经过惩罚,认识了自己的错误,改正了缺点。其实,学生并不怕惩罚,而是畏惧侮辱,两者的区别在于实施惩罚者心中是否有爱,是否让被惩罚者感觉到了爱。在爱的前提下,以不伤害学生自尊心为基点的惩罚是科学的。教育并不回避惩戒,具有教育性的惩戒,必然伴有爱的情感。惩戒应该是善意的,是在学生身心完全能够承受的前提下采取的教育措施,其目的是让受惩罚的人明白自己的错误,并且为自己所犯的错误承担后果。惩戒手段应该从对学生负责、对孩子成长有利的角度去设计和选择,学生最终才能心悦诚服地改掉错误,且能增进师生感情。切忌教师借用惩戒之名,实施体罚之实,以整治学生为目的,最终损害了学生的身心健康,侵犯了学生的基本权利。上述案例中,教师让学生写“说明书”,不能以侵犯学生的受教育权利为代价,导致学生误课听不懂、作业不会做、学习成绩更差。原本具有教育意义的“抄课文”、“跑步”、“捡纸”等手段由于惩罚力度太重,而演变成反教育手段,成变相的体罚,也导致其成带领同学跟老师捣乱的“坏孩子”。没有师爱的惩戒只会造成学生身心伤害,激化教师与学生及其家长之间的矛盾。因此,教师要付出更多的爱心,谨慎适度地使用惩戒手段。只有在“温柔”教育方式无效、正面教育方法无果的情况下,才能考虑适度使用惩戒手段。

没有惩戒的班集体制度肯定是不完整的,惩戒教育是班级管理的必要手段。从品德形成的心理过程来看,惩罚也是必不可少的,人的是非善恶观念是在行为中体现出来的,其行为的后果得到道义的支持,就得到了正强化,这是团体压力迫使其中的成员向善的过程,也是个人品德成长及人的社会化的过程。但是,惩戒教育要把握好度。适度的惩戒可以起到警示、教育的作用,让被惩戒者知晓自己行为的后果,学会承担责任。而过度的惩戒则会在心理上抵消学生的内疚感,让当事人更加心安理得地继续错误的行为。另外,过度惩戒还会激起学生的逆反心理和破罐破摔的心态,使错误与不良行为愈演愈烈,结果事与愿违。“有限宽恕制”是基于班主任对学生自觉改正错误的充分信任,给学生以理解与尊重,对于学生的违纪行为在一定的限度内给予宽恕，即不予批评，不追究，不处罚，视同没有违反纪律的制度。[①]在典型的班级管理中一般有三类学生：80%的学生很少违反规则，15%的学生会周期性地违反规则，5%的学生是长期的规则违反者，有时甚至会与这些规则作对，这就是班级管理中的80:15:5法则。在实施“有限宽恕制”的实践中，对于以上三类学生应予以区别对待。对于一贯表现良好、偶尔违反纪律的学生，其轻微的违纪行为，如偶尔迟到一次、早操旷缺一次，班主任应给予宽恕，即不予批评、不追究、不处罚，视同没有违反纪律；实践中这些学生无须班主任提醒，其违纪行为都可以自行矫正。当发现其违纪行为不能自行矫正，违纪次数变多了，就应该对其违纪行为进行处理了。那些长期违反纪律的学生，往往已经形成了不良习惯，因此，教师就要与这类学生订立协约，采用系统脱敏法，在约定限度内违纪，教师给予其宽恕即不予批评、不追究、不处罚，视同没有违反纪律；达到学校警告以上处分的违纪行为不能约定，不在宽恕范围之内，超出约定范围的违纪行为不能宽恕。如：对于早晚自习迟到的，约定允许其在一周内迟到3次，每次不得超过5分钟，其他时间必须按时到教室参加早晚自习，第三周开始每周允许迟到3次减为2次，第五周开始每周允许迟到2次减为1次，第六周以后取消；早锻炼迟到或者旷缺的，约定允许其一周内迟到或旷缺2次，什么时候迟到或旷缺由学生自己选择确定，一经确定不许更改，其他时间必须按时参加早锻炼，一个月以后每周允许旷缺2次减为1次，两个月后取消。对于其他经常性违纪的学生也采取类似的做法。在实施的过程中应注意以下问题：第一，班主任要做好其他学生的解释工作，在实施过程中，有可能会使其他学生尤其是那些违反纪律受到批评或处罚的学生，感觉到不公平，班主任要做好解释工作；第二，为避免其他学生受到影响，此制度实施的范围和违纪的限度必须严格限制；第三，学生违纪免责的行为，违纪的限度、限度递减的时间，必须明确，一经约定不得修改。[②]近代思想家卢梭认为，学生的行为若不导致对自身的伤害和对别人自由的妨碍，成年人原则上不应干涉，即不妨任其自由行动。对一些“非原则性小问题”可把握机会，事后宽限处理。制度的条文是死板的，它的重点是在运用

① 吴庭之.例谈班规[J].教书育人：教师新概念，2006(2)：51-52.

② 吴庭之.例谈班规[J].教书育人：教师新概念，2006(2)：51-52.

者的灵活变通，使教师与学生之间有共同的依据，所以班集体制度不应当变为教师用来控制学生的工具。班集体制度的制定是在维持班级的秩序，如果我们能够善加利用这门艺术，必能对班集体的发展有所帮助。苏霍姆林斯基说："有时宽容引起的道德震动比惩罚更强烈。"在班级管理中不仅要有严格要求，也不能忽视"宽容"所起的积极作用。宽容，其实也是一种严格，一种特殊的严格。当然，要使宽容这一教育方法收到更好的教育效果，也得注意分寸，掌握尺度，灵活使用它，要认清严格与宽容的辩证关系。正确处理好制度化行为与非制度化行为、班主任管理与学生自我管理、强制性规范与非强制性规范的辩证统一。只有把严与宽有机地结合起来，双方才显出深刻的互补优势来；严在情感化方面的短为宽所弥补，宽在约束力方面的弱为严所克服。宽严结合使得双方优势和各自长处都得到了充分发挥和施展，既培养了学生坚持原则，明辨是非的能力，又加深了师生间的感情和相互关系。

案例

班风与凝聚力建设

初入某普通高中，许多同学还未适应高中生活。在新环境新学校里不知所措。在学习、生活等许多方面都不能有效的约束自己，放任自己，认为读了普通高中就是未来渺茫了，于是都没有了初中时学习的那么用功刻苦。在交友上也显得内向，不能很好地与周围人以及班上同学进行正常沟通，忽视了一个班级的集体凝聚力。笔者通过一段时间的观察、接触、了解和分析，发现这个班主要存在以下几个问题：一是缺乏行为规范的养成，没有良好的行为习惯。例如，卫生习惯、上课习惯、文明礼仪习惯等，自由散漫，有些不良行为已经"习惯成自然"了。二是班级缺乏凝聚力，缺乏正确的舆论导向。一些班干部、团员起不到应有的作用。三是学习目的性不够明确。对此班级应该制定班级管理的计划和目标。具体做法：

(1)学规范，制定班级管理制度。利用班会课，根据班级存在的问题有针对性，有重点的学，特别是“自尊自爱，注重仪表”和“遵规守纪，勤奋学习”两方面的规范，对照规范每人寻找问题进行整改。

(2)创情景、促学风。明确学习的重要性，学习目的性的培养，不是枯燥的说教，更不是用外力“按着牛头吃草”，那是没有效果的。

(3)创平台，多活动，增强班级的凝聚力。凝聚力是集体中人心的聚合力，班集体的凝聚力越大，其成员越能自觉地遵守集体的规范，朝着班级的目标前进。创设好平台，通过组织一些有意义的活动，是增强学生凝聚力的有效途径。

通过一系列的活动，笔者为同学之间架起了桥梁，互相理解关怀，增进了友谊，增强了合作参与的意识，从而增强了班级的凝聚力。

思考题：

[1]班集体制度建设的基本价值取向具体有哪些方面？

[2]约束激励机制可以实施哪5种方法？

[3]运用约束激励机制，有哪些原则？

[4]班集体制度的内容制定要考虑哪几个方面的要求？

[5]班集体制度具体执行时，应如何有效奖惩？

第六章　营造良好的班集体氛围

人们都熟知“孟母三迁”的历史典故:孟子小的时候,他家住在一片坟地旁边,孟子就玩一些哭丧、埋人之类的游戏。孟子的母亲认为这种环境不利于孩子的成长,就举家搬迁到一个集镇上住下,结果孟子就玩些做买卖的游戏。孟子的母亲还是不满意,又迁居到了一所学校旁边,孟子受到良好的影响,逐渐变成勤奋学习、彬彬有礼的孩子,于是孟子的母亲决定在学校旁边定居下来。这个故事给了我们深刻的启示:为孩子营造一个和谐、向上的学习、生活、心理环境和氛围,无论是对于一个家庭,还是一个班集体或是一所学校都是至关重要的。

第一节　班级物质环境的优化设计

班级是学生学习的主要场所,一个优美的班级环境可以陶冶情操、美化心灵。苏霍姆林斯基说:“无论是种植花草树木,还是悬挂图片标语,或是利用墙报,我们都将从审美的高度深入规划,以便挖掘其潜移默化的育人功能,并最终连学校的墙壁也在说话。”教室的环境设计,是班级文化氛围的重要组成部分。整齐、清洁、美观的教室会让人赏心悦目,在这样的环境里学习,学生也会保持饱满的情绪。班级物质环境建设主要包括,教室基本设施建设、教室的布置、标语口号的拟定、环境卫生的打扫与保持等。

一、班级物质环境的基本设计

班级环境不仅体现班级的精神面貌,而且直接影响到学生的身体心理健康。因此,要精心设计教室的每一个角落,使其既温馨舒适,又催人奋进。良好的班级环境主要体现在以下几个方面：

(一)教室的基本设施建设

教室的基本设施建设是班级的基础环境建设,它反映了社会对教育的重视程度和社会的文明水平。教室的基本设施主要表现在教室的大小、光线、音量、桌椅等方面,它要求教室要宽敞、光线充足柔和、空气流通、视听效果好,这样的环境有利于教学,它们是相互联系的。

1.教室内间距设计

教室的第一排课桌的前缘与黑板的距离应不少于2米,最后一排课桌与前黑板之间的距离不能大于9米,以保证视听效果。在教室内,课桌之间要保留通道和一定的间隙,通道至少有两人宽,前后桌之间的间隙至少要让学生坐立自由。在教室的最后一排课桌与后黑板之间应留有一定的空间用于存放清洁用品和图书角等。

2.教室的光线设计

教室在自然采光的条件下以两侧采光为最好,若是单侧采光则应在左侧开窗,以避免右手在书写时产生阴影。同时在教室内还要有适度的照明,以备在自然采光不足时使用。照明过强和不足都不利于学生学习,照明过强会产生眩目,降低可见度;而照明度不足则会使眼睛产生疲劳从而引起紧张与焦虑,影响视力和学习的效果。同时,由于视觉作业需要靠眼球瞳孔的收缩来完成,所以在装配照明设施时还要考虑到光源的稳定性。

3.门窗的设计

教室采用前后两个门,后门用锁。使用推拉窗最简单最安全,也比较美观大方。塑钢窗密封保暖性好、简洁、花色较多、使用方便;另外,还可遮阳、透气、防火、使用一段时间后拿下来清洗也较方便。卷帘要用半透明材料,否则教室会变得很漆黑。

4.地板的设计

教室地面铺瓷砖,要防滑,可以淡米黄色的,耐磨、耐污,抗菌,低噪音,质量优异,色彩多样,可表现出石材、金属等花纹效果,多种花纹组合可获得高品位的装饰效果。

5.教学黑板的设计

置于两块屏幕之间，依然使用黑板设计，上下可升降，不再使用板擦，而使用擦玻璃的那种东西，这样可以尽可能的少吸入粉笔灰，擦得干净，干的也比较快。

6.教室的桌椅设计

学生在学习时会增加大脑的血流量，课桌过高或过低，都会妨碍体内的血液循环。最好是可以根据学生的身高来调节课桌椅的高低。同时课桌的桌面应该有2～15度的倾斜，使学生在阅读时可以不必低头，以避免因低头而引起的颈部肌肉紧张疲劳。

7.实验台排风设施的设计

教室采用四面环绕式实验台，两人一组做实验，实验台四角是清洗实验仪器的水池。每个试验台都要配强有力的排风设施，排气管走地下，废气经处理后排出室外。

8.教室的音量设计

教与学需要一个安静的环境，实践证明，如果教室被一片喧杂声所包围的话，就会严重地干扰正常的教学活动。教室在设计时要有很好的隔音效果，严格控制外界噪声，同时教师讲课时声音也不能过高。

9.投影屏幕设计

在教室的左上角和右上角分别挂一面倾斜30度的白幕布投影。这样无论在教室的什么位置都可以清楚地看到屏幕。

（二）教室的具体布置内容

1.班级标语宣传

班级标语（班训）是一个班级整体精神、目标的体现，主要是对学生的要求、训导、告诫或防范，着重抓青少年的文化人格和非智力因素的养成和训导。在教室墙壁上，贴上名言警句，或者激励人意志的语句。在教室四周的墙壁上可以贴点同学自创的画报或课本上学过的名人名言或英语礼貌用语。至于班级标语或口号的拟定，班主任最好不要包办代替，应帮助和指导学生自己动脑，充分发挥学生的主动性、创造性。比如，让全班学生共同开动脑筋，针对班级目标、自身目标和班级特点每人写出一两句言简意赅的班训,再经过班委精心选择。如有一个班选择了"求真、务实、创新"这一条作为班训,把它做成深红色隶书字体贴在教室后方黑板报上方。这几个字提示同学们为人要真诚,做事要讲诚信、务实,同时每个人都有着自身的优势和特点,都应该在这个集体中不断挖掘自身潜力,不断创新并实现自我,学生在不知不觉中接受这种班级的奋斗目标和价值导向,从而起到"润物细无声"的作用。班级标语应有2~4条幅,不宜过多,可选自重要文献或名人名言。一般以大字体的形式出现,安放在正前方黑板上方或侧面墙壁的上方,字迹要工整大方,多用楷书、隶书或正体美术字。

2.黑板报张贴栏

黑板报应工整书写,定期更换,体现班级一个阶段的发展主题,起到一个舆论导向的作用。在黑板报上面应该有一个角落是每日见闻处,就是同学认为每天有趣的事情都可以写在上面跟大家分享。课程表贴或写在黑板的一侧。制定班级行规,黑板报上应该有个纪律榜,把每天纪律好的同学写上去,有个好人好事处,每周评比,使学生人人养成好习惯。在教室后面的学习园地里可以添加一块"留言板",我们学生可以模仿网络"贴吧"的方式,师生之间、生生之间互相交流;把"留言板"变成一张写有"祝某某同学生日快乐"的"贺卡",送给当天的"寿星",让"家"的特征更加明显。

3.设立"爱心展示"窗

温馨教室更体现在软环境的建设上,每位同学都能展示自己的才艺,张扬自己的个性,在活动中,正确认识自我,形成和谐温馨的班级氛围。可设立"我们的快乐岗位"责任表,"保洁员"、"发报员"等,把班级当成快乐的大家庭,热心为大家服务,形成良好的氛围。可以摆放公用洗手液、公用纸巾、公用文具,张贴温馨口号。

4.读书角

以书架或书柜摆放,借阅制度要规范并严格执行。让同学把自己认为最爱的书籍拿到班级里来集中放在书柜里,进行交换阅读,跟同学分享。这样,既使学生尝到了读书的乐趣,提高了阅读能力,又激励了学生团结协作、奋发向上的学风。鼓励学生写读书心得,并把它张贴在学习园地里,这样既可以为教室增添文化气息,也可以改掉我们爱看电视的坏习惯,让我们有意识的兴趣转移,养成爱读书读好书的好习惯,这对我们今后是受用终生的。

5.值日卫生安排

张贴卫生工作安排、卫生条例,向学生们宣传卫生常识,及时进行温情提示,预防各种疾病,使得学生拥有更加持久的健康。教室的清洁、美观是一个班级精神风貌的外在表现,是教室物质环境建设的基础。一个清洁的教室是需要大家共同打扫和保持的,在大扫除时可以根据学生体质上的不同特点,安排给他们不同的工作内容,让学生自己去打扫教室。只有亲自参加劳动,才会认识到维持清洁的重要性,才会自觉去保持教室的清洁。对教室的各种设施的摆放也是有要求的,如小组桌椅的排列既要左右对齐,又要前后等距;讲台上的电教用具、学生的作业本、粉笔、黑板擦等都要摆放整齐;教室后面的清洁用具也要摆放整齐有序,并安排专人或轮流值日管理。

(三)教室的布置要求

教室的布置对学生起潜移默化的教育作用,其思想性很重要。布置时,可以考虑:宣传党的教育方针;宣传培养目标;宣传集体主义、爱国主义、远大理想;宣传英模人物的思想、事迹;宣传班集体的奋斗目标;宣传班上的好人好事等。选择内容要有个总的主题,体现正确的奋斗方向,对全班同学起到激励作用。有些内容可以较长时间不变,保留一个学期或一个学年;有些内容可以根据班级发展情况有所变化,比如名人名言,就可根据需要及时更换。

对于教室的各项布置,包括墙面、板报、班训、卫生角、图书角等,要有总体的设计方案,不能零敲碎打,只管局部不管整体。每项的布置,要注意内容与形式的统一,适当加以美化。比如,图书角和卫生角的柜子(或架子)上,摆放一两盆清新的花草,可增加美的气氛,并且花草最好是学生自己种植的,不能太娇贵,要易于管理。

1."五无"要求

即地面无杂物、痰迹,墙面无污渍,桌椅无刻印、污渍,门窗无积尘,卫生无死角。学生每天打扫教室，培养学生爱护教室公物和主人翁精神，树立净化教室、保持教室卫生人人有责的思想。

2.“四化”目标

即日常管理制度化、行为语言规范化、学习用品摆放定位化、卫生打扫用具隐蔽化。教室内的常备用具和学生常带之物，如书包、学具、饮水用具等，应分类集中，放之有序，眉目清楚，避免杂乱现象。

教室的整体设计，可以发动广大同学提出设计方案，进行讨论、评比，选定最佳方案，予以实施。各项具体布置任务，也尽量发动更多的同学去承担，特别要注意发挥同学们的兴趣、特长。教室布置如需进行大的调整，甚至“更新换代”，一定要经过班委会和全班同学的讨论，要体现集体的意志。

二、班级环境设计的创新艺术

（一）班级环境的一般设计

1.学生的座位安排

在传统的四大组的基础上，可以在第一排的正前方加放两张课桌。这张课桌的两个座位是实行轮换制的，一般是半个月或一个月轮换一次。其中的一个座位是给这段时间班级表现最优的学生的，一个是给这段时间表现较差的学生，以起到激励和鞭策的作用。

2.鼓励性的班级公约

用“我们共同约定……”和“相信我们能做到……”来代替，这种用学生的语气做出的承诺，对学生的约束力相对要大一些，使得学生能更好地接受。

3.班级的活力环境建设

班主任应主张放手让学生自己去设计，去布置，自己只起到一个主导的作用。例如，班训的拟定，墙面、黑板报的布置。倡导每一个学生根据自身的喜好和特长，在班级合适的地方营建自己的成长角，努力让每一个地方呈现出蓬勃生机，让人一进教室就能感受到浓浓的文化气息和强烈的归属感。别致的图书角为学生了解课外知识、拓展知识面提供了窗口；“学习园地”“佳作欣赏”等反映了学生多姿多彩的生活；“光荣榜”、“班级之星”、“竞赛栏”等，激励学生不断进取，顽强拼搏；日常规范、安全须知等，有力地帮助学生形成良好的行为规范……如让学生自己去栽种一些易活的植物或盆景，整齐摆放在教室的一角，一方面可以使教室增添生命和活力，另一方面通过让学生自己栽种和养护这些植物，来培养学生的爱心、耐心等。

（二）各常规教室的不同细节设计

1.语文教室

在墙上挂上各种字画，也可以在墙上手绘上一些古画，老师的桌子上应配有毛笔等物来凸显文学气息。墙面用羊皮纸的颜色，有古朴的感觉，典雅中蕴含沉静、平和、亲切等意象，给人情绪稳定。

2.数学教室

预留出一面墙给老师挂圆规三角板之类的东西，另一面墙上可以写一些重要数学公式在上面，墙面颜色为淡咖啡色。

3.英语教室

可以在墙上画上各种交错的，色彩各异的，大小不一的英文字母，也可以印上日常常用的对话，后黑板每天写一句名言警句。墙面颜色用暖橙色，有热情有活力。

4.政治教室

应预留出一面墙用来张贴每天的报纸，其他墙面可以挂上各国历史性政治大事的照片。墙面颜色用天蓝色，象征希望、理想、独立，有悠远阔达的感觉。

5.历史教室

一面墙上印有从猿人到现代人的进化历程，另一面墙上挂一些历史大事件的照片。

6.地理教室

在一面墙上贴一面大的世界地图和一面大的中国地图，这样老师讲课方便。

7.物理教室

在一面墙上贴上历史上各个著名实验的简介和图片，墙面颜色可为淡紫色。

8.化学教室

贴一张大的元素周期表在墙上,可以在靠墙的地方放一个结实的玻璃柜,其中盛放各种化学仪器和药品,这样老师做实验也方便,同学们平时观察也方便。化学教室的实验台一定是防腐蚀的,墙面颜色用淡绿色。

9.音乐教室

椅子用红色的积木状方块,椅子分四个区域,分声部坐,椅子可以方便地移动,以腾出空间给课上活动。教室右上方是教师用的钢琴,左上方是一个用于展示的小舞台。正前方是一个投影,两边有两块五线谱小黑板,教室后部是一个合唱台。地板选用木地板,墙面用良好的吸声材料。窗帘的颜色要重一些,窗户用塑料钢窗。

第二节　优良班风建设的策略

良好的班集体氛围除了要有良好的班级物质环境,还要加强优良的班风建设。优良的班风包括树立正确的班集体舆论和强烈的班集体凝聚精神。

一、树立正确的班集体舆论

(一)班集体舆论的概念

班集体的舆论就是班集体每个成员对社会上的问题,对学校生活中、班级生活中的问题发表自己的意见,发表评论,这也是无时无刻不在进行着的。这些意见评论,可以分成两种情况:一种情况是属于自觉地,就是在班主任的组织引导之下,有组织的来进行的,这是一种舆论,我们管它叫做自觉性的舆论。另外一种就是同学之间彼此聊天,对问题的一些意见,一些评论,一些看法,这是自发的,没有组织,没有引导的。那么在所有的这些舆论中也可以分成两种性质:一种舆论是积极的,健康向上的;还有一种舆论,当然是少量的,支流的,就可能是比较消极的,不健康的,凡是有人群的地方,就有舆论存在。

(二)正确舆论的塑造途径

1.注重班规养成教育

在新班级形成之时，就应该向学生宣讲党的方针、政策、学校规章制度、学生守则和行为规范，并把其中的大部分内容具体化、情景化。确定这些具体化、情景化的政策、制度、规章内容为班级管理的依据和追求目标，实现这些目标的过程也就是培养学生良好习惯的过程。乌申斯基说过："良好的习惯乃是人在其神经系统中所存放的道德资本，这个资本不断地在增值，而人在其整个一生中就享受着它的利息。"习惯的养成，对于人的性格、命运都起着重要作用，它对于一个良好班风的形成也起着至关重要作用。良好习惯的形成是班级正确舆论形成的根本保障。高远的目标确定之后，需要严格的长期的努力做保障。潘益大在《家庭美育》中说过，坏习惯有一种惰性，非严格要求不能矫正；好的习惯不易接受，非严格要求难以形成。在日常学习生活中，要求学生以政策制度规章所禁止的事项为"警戒线"，以政策制度规章所倡导的为追求目标。教师采用科学的方法协助学生朝这个方向努力，争取做得最好，并以这一个标准贯彻到底，常抓不懈，促成学生形成遵守纪律的良好的习惯和诸多良好的品质。

在培养良好习惯及良好品质的过程中，班主任应采取以表扬为主、批评为辅的原则，对班上出现的好品质和风尚，在同学中表扬、宣传、扩大，使其在实践中得到巩固；对于班内出现的或大或小的不良倾向，予以及早的制止与批评、教育，让学生在头脑中形成一种"好事争取做，纪律不可违"的意识，从而形成习惯。

2.明确是非观念

养成教育重点是让学生明白什么事不该做，什么事该做；为什么不该做，为什么该做。这就需要解决学生思想上的疑惑，增加开学初所确立的班级及个人追求的目标的权威性。具体办法是对学生进行人生观、世界观、价值观、审美观的教育。通过师生专题讨论墙报、演讲、主题班会等形式，对学生进行以上教育，主要培养学生的正确的公私观、荣辱观、恋爱观、劳动观、幸福观，使学生初步形成正确的政治方向，初步具有判断是非、识别真假、辨别美丑、开拓进取的能力和素养。只有具备以上能力与素养，方能在是非、美丑、善恶等问题上作出正确的选择，才能抵抗形形色色的不健康的思想，班级内才能有基本一致的正确的舆论。

3.树立榜样模范

学生中威信高的同学往往被选为班干部。大多数情况下，学生不良倾向是在没有老师的时候才表现出来的，所以班干部便是老师的代言人，是管理者，他（她）便是正确舆论的先锋和榜样，所以，班干部的素质尤为重要。

为了提高班干部各方面的素质，一般应经常对班干部的工作进行民主考评。反响小的班干部就虚心听取同学们的意见，改进工作方法；反响大的就改选。把能真正经得起考验的同学选拔出来，给予他们管理权，给予他们自主权，给予他们反映权，充分发挥他们的带头作用，在各个方面做表率，使他们带头制止坏人、坏事、坏言论，只要有人带头，“正确舆论”这部机器就可以运转起来。除此之外，还要确立班内正义感强的同学的榜样地位，充分发挥他们的积极作用。

4.教育转化后进

任何班级中都会有在负面有影响的学生，这些学生主要分为两类：一类是有反从众心理。特点是生理上日益成熟，心理上有了成人感，不愿意从众，愿独辟蹊径，有与众不同的观点，以表明自身的存在等；另一类便是自制力差、个人意识突出、虚荣心强、好哗众取宠、专门与纪律制度唱反调的人，即道德上的后进生。这些学生往往很聪明，某方面能力很突出，很具号召力。如果能转化这两类学生，他们会在班级工作中表现出色，可以影响一大批愿受他（她）领导的、平时在是非面前动摇不定的同学，能有力地加强正确舆论的教育与约束力。

对第一类学生首先本着爱护和尊重的原则与学生谈心，要使学生认识到自己现有的思想状况及反从众的心理在人的成长过程中的意义，然后师生共同分析反从众心理发展的两种可能，帮助学生选择好的发展方向，引导他们发展自己的创造性思维。第二类学生的转化主要以晓之以理的说服教育为主，以表扬为主，多肯定他（她）的优点、闪光点，并提出热切期望：如果他（她）的作用发挥出来，那么全班将更团结更出色。在日常学习工作生活中，尤其在集体活动中，对于他的正面作用，公开肯定与表扬，培养他(她)的荣誉感和是非观念，树立他们在班级中的新形象，促使他们向正确舆论靠拢，并为班级建设添砖加瓦。

5.争做班级主人

现在的中小学生逐渐显露出成人化的心态，或事不关己高高挂起，或碍于情面，或胆小怕事，或贪图小利，或于己无益的事不做等。虽然他们心中存有是非美丑善恶的标准，却不表现出来，从客观上助长了歪风邪气，无益于正确舆论的形成与作用的发挥，所以，培养学生主人翁的态度和集体荣誉感在班级管理中就显得非常重要。

通过专题讲座和对日常生活中事件的态度，来明确学生对他人、对班级、对社会的义务和权利。尤其强调对班级应承担的义务和权利(打扫卫生、监督卫生保持情况、爱护公物、监督班干部工作、爱护班集体的荣誉、为班争光、敢于与班内的坏人坏事作斗争、评优选模的被选举和选举权、使用公物等)，并鼓励大家履行自己的义务。班级内有突发事件时，创设让学生敢说真话的氛围，鼓励学生使用自己的权利、履行自己的义务，鼓励学生追求真理，提倡和发扬这种品质，限制不利于正确舆论形成和发挥作用的因素滋长。

(三)对学生健康成长的意义

一个班级有了正确的舆论，就能明辨是非，提倡和支持正确的东西，批评和抵制不正确的东西，使班集体成员的思想和行为有正确的标准。它具有评价作用：能使同学们分辨现实生活中各种意见，各种评论，哪些是正确的，哪些是不正确的，从而进行导向。它具有激励作用：正确的舆论不仅能使学生明辨是非，引导同学们健康成长，而且正确的舆论往往对同学的成长起着一个激励，鼓舞的作用。所以，一个班集体里面，科学的、健康的、和谐的舆论，有助于每一个学生的成长，能够时时处在激励当中，导向当中。

特别应该提出来的，班级的舆论建设是学生自我教育的一种非常重要的方式。我们所有的教育要取得成功，取得实效，那就必须培养学生这种“自觉”的意识，所以班级舆论的建设，对提高学生自我教育的能力，也起着十分重要的作用。正是因为看到了班级舆论建设的重要意义，所以许多班主任从一开学，从一起始，始终伴随着班集体建设去加强班级舆论建设。

二、班级凝聚力的影响因素

根据学生的具体特点以及所处的特定环境，可以从以下角度来分析班级凝聚力。

（一）归属心理与认同感的缺失

从感觉上来说，每个人对任何一件事物都有自己的认同感。现在的学校中，班集体成员对班级中某些事情的认同感并不是一样，同时也并不是很强烈，虽然很多时候嘴上没有说出来，但是心里不同意，对这个班级就会很不满意，逐渐也就讨厌这个班级；从归属感上来说每个同学都很想加入班集体，当班级取得成功或遭受失败时，班级成员有共同感受，一部分成员会为其他成员的成功感到高兴和自豪，从感情上爱护自己所属的群体，但是在当前的很多班级中会出现这样一种情况，那就是有同学觉得班级的事是班委的事，与我无关，他还没有从真正意义上融入这个班集体，或者说还没有从这个班级找到归属感，因此很排斥这个班集体。学生对自己的学科，对师生关系、同学关系，对班级文化、制度的认可程度，自己离开班级后会有什么样的后果，以及自己在班级中的地位、作用和义务，个人对班级的契合度，这些都影响班级凝聚力，影响对班级的顺从程度、忠诚程度以及参与程度。

（二）恋爱观的影响

目前，学生恋爱现象普遍存在，且学生恋爱的时间前移，人数增多，建立恋爱关系的时间缩短，与多名异性同时建立关系的人增多[①]。学生恋爱也受到从众心理的影响，恋爱的学生常常被没有恋爱的学生羡慕和向往，看到恋爱的同学生病有人照料、寂寞了有人陪等，从而引发孤独感和攀比

① 李道友.离心力与向心力的博弈——加强大学班级凝聚力所面临的问题及应对措施[J].成都大学学报：教育科学版，2008，22(6)：46-48.

心,甚至低人一等的自卑感。在这种群体氛围的影响下,不少本不打算谈恋爱的学生,为表现自己并非无能,也盲目寻求异性朋友。同时,很多学生沉湎于网上恋爱而不能自拔,很多学生中午、晚上不休息,加班加点在网上谈恋爱,上课时却无精打采,甚至有的学生为了上网谈恋爱而逃课。网恋不仅严重影响学习,而且容易使他们减少与老师、同学之间的交流,扭曲人格,成为班级的另类。因此大量学生谈恋爱,使学生生活内容发生了重大的偏向,他们以对方为中心,沉浸在二人世界中,无视班级的存在,容易遭受同学的议论和不满,久而久之,他们远离了班级,班级也容易遗弃他们,这样一来班级具有不完整性。

当前中学生主要是"90后",作为独生子女的一代,是在家长的精心呵护下成长起来的,常常以自我为中心,普遍缺乏集体意识和合作观念,同时很多学生具有强烈的交往欲望与自我封闭心灵的反差,以及人生观、价值观的利己倾向。当代一些学生过多的看重自我,轻视他人,轻视生活,与班集体失去真正意义上得接触,最终使自己与周围产生隔阂,影响与他人的团结,最终影响班集体凝聚力。

(三)频繁的私人社会活动的影响

他们大多占用课外时间,有的甚至利用周日时间、晚自习时间、上课时间,占有了他们本来为数不多的班级活动时间,从而影响了同学之间的交流与沟通,影响了班级凝聚力的建设。

(四)非正式群体的冲击

学生非正式群体是指在学校正式组织之外,由一些有共同兴趣爱好、生活方式、价值观念的成员组成的学生群体。非正式群体在学生管理中有一定的积极作用,但对班级凝聚力也会产生较大的消极作用。由于非正式组织成员之间联系紧密,如果对非正式群体不加以引导,在正式组织成员间缺乏沟通的情况下,非正式组织成员容易形成帮派,影响班集体的内聚力和团结。

（五）宿舍社会化

宿舍管理的社会化对班集体建设带来了巨大的冲击，学生集体住宿的模式开始变化，班集体的成员根据自身经济条件和生活需求，自主决定自己的住宿场所，有的住普通公寓，有的租房，这样同一个班级的学生的住宿就相对分散开了，班集体在寝室的稳定形态很难维持。居住的分散造成了班级成员之间相互联系的减少，使得班级难以形成宽松而亲密的交流环境，给成员间开展思想交流带来困难，这样就达不到班级同学因长期共处同一寝室，而形成友谊和深刻了解的目的，相应地也失去了许多和同学一道为班集体争取荣誉的机会，使团队精神的培养受到影响，同时居住的分散使学生间空间距离加大了，联络上困难了，很难使同学们聚在一起一致性活动，这样在时间、空间上的差异严重影响了班级凝聚力[①]。目前，很多学校根据学生在经济基础等方面的差别，把同学之间差异较小的学生分在同一个寝室，同一个班级的同学分在同一楼层。

（六）班级互动机制不健全

班级的互动机制分为班级核心文化互动机制、班级信息互动机制、班级考评互动机制和班级日常活动互动机制。很多学校班级互动机制不健全，从而影响了班级凝聚力，不同互动机制之间并不是相互割裂的，而是处于相互联系之中。班级核心文化互动机制不健全是造成互动机制不健全的第一步，由于班级核心文化如班级目标等不明确，导致班委的信息没有针对性，“错乱”的班级信息将影响同学参加班级事务的准时性，进而影响同学的“不客观”的考评结果，又会影响同学们参加活动以及在活动中相互交流的积极性[②]。

① 李道友.离心力与向心力的博弈——加强大学班级凝聚力所面临的问题及应对措施[J].成都大学学报：教育科学版，2008，22(6)：46-48.

② 张廷广.浅议大学班级凝聚力存在的问题及对策———基于班委与非班委同学的互动视角[J].科技文汇，2010，6：191-192.

三、铸就班集体凝聚精神的途径

班级精神是一个班级的核心和灵魂，是全班学生的精神支柱和共同信奉的价值准则，具有强大的凝聚力，它主要包括群体意识、舆论风气、价值取向、审美观念等。众所周知，班级凝聚力对班级学习风气影响最为强烈，一个班级如果具有很强的凝聚力，在学习上就很容易形成奋发向上、互帮互学的良好氛围，对学生的学习起到很大的促进作用，一个班集体如何健康良好地运作，班级凝聚力就成为了关键。培养班级精神是一项艰巨的任务，班主任作为班级的领导和管理者，理应在班级精神的铸造上发挥主导作用。下面具体介绍几种增强班集体凝聚力的做法：

（一）建立统一的班级目标及丰富班级文化

如果说一个班集体是一艘远航的船，那班主任就是领航的船长，每个同学就是这艘船上的水手，而班级目标，就是引导航船正确前行的灯塔。班集体的共同奋斗目标，是班集体的理想和前进的方向，班集体如果没有共同追求的奋斗目标，就会失去前进的动力。有没有共同目标，共同目标的好差，都能影响班级的风气，影响班级的凝聚力。所以，一个良好的班集体应该有一个集体的奋斗目标，这个目标应是远期、中期、近期目标的结合，逐步实现目标的过程会产生激励的效应，形成强大的班级凝聚力。作为班级组织者的班主任应结合本班学生的思想、学习、生活实际，制定出本班的奋斗目标。在实现班集体奋斗目标的过程中，要充分发挥集体中每个成员的积极性，使实现目标的过程成为教育与自我教育的过程。每一个集体目标的实现，都是全体成员共同努力的结果，要让他们分享集体的欢乐和幸福，从而形成集体的荣誉感和责任感。班级目标对班级凝聚力的强弱和方向，即凝聚力的量和质都有重要影响。从对班级凝聚力的量的影响来说，凡目标明确并广泛被学生自愿接受的班级，凝聚力就有可能大。班级目标应成为全班学生的内在目标和自愿目标，内在目标、自愿目标比外在目标、非自愿目标更可能产生班级凝聚力。当有明确的班级目标时，班级成员知道为什么工作、学习，而且自愿去干、去学，这样就自然凝聚在一起。

班级文化是班级成员共同创造的，寄托着他们共同的理想和追求，体现着他们共同的心理意识、价值观念和文化习性。这种共同的心理意识、价值观念和文化习性会激发成员对班级目标、准则的认同感和作为班级一员的使命感、自豪感和归属感，从而形成强烈的向心力、凝聚力和班级意识[①]。通过这种方式使每个同学在班级中体会到爱的感觉、体会像家一样的温暖，从而找到自己在班级中存在的意义以及价值。

（二）建设民主、友爱的班风

必须加强班级信任度以及公平、民主的班风建设，班级凝聚力不强，与同学之间缺乏信任有很大的相关，由于相互信任度很低，一些同学常伴有困惑、胆怯、敏感、逆反、自卑、孤僻、封闭、害羞、依赖、自傲、猜疑甚至敌意等综合症状，从而使学生之间难以产生亲近感，难以形成班级凝聚力。学校应给予班级充分的发展余地，班级团结要一致，原则要公平。班级团结就如影响人发展的社会环境一样，社会环境是人的身心发展的外部客观条件，对人的发展起着一定的制约作用。学生对班集体充满爱心和期望，可以使班集体充满凝聚力，从而形成一个好的班风，推动整个班级向前健康发展。

苏霍姆林斯基曾说："要教育儿童通过对周围世界的美，人的关系的美而看到精神的高尚，善良和诚实。"老师与学生之间、学生与家长之间、学生与学生之间的密切交往、和谐友爱的美是促进学生智力、心理健康发展的一个强有力的因素。班主任老师应营造一种积极、健康的人际环境。培养学生良好的道德感、美感和理智感。在营造班级人际环境中，教师的为人处世、待人接物有潜在的示范作用。所以，教师、特别是班主任，应有自己的仪态美、情绪稳定、积极健康的人生态度。卢梭在《爱弥尔》一书中曾谈到，"儿童有一种潜在的发展可能，而教育就是为儿童提供优良的环境"。班主任在工作实践中，应看到班上的孩子健康和谐发展的需要，从而进一步感受到建设好班级环境的重要性和必要性。

① 杨玉军，浅论如何增强大学班级的凝聚力[J].沧桑，2010，12：63-64.

(三)组建一支强有力的班干部队伍

一个成功的班集体,仅靠一个班主任的工作,是十分的艰辛,也是完全不够的,还必须有一支扎实能干并且肯干的班干部队伍。因为班干部是联系班主任与学生的桥梁,是班主任的得力助手,他们工作能力的高低,能否较好地落实班主任的政策,在很大程度上能够影响一个班级的班风与学风。所以要以各种方式挑选那些学习好、工作能力强、思想态度端正并且有集体荣誉感,肯踏踏实实做事的学生做班干部。选好了班干部,更重要的就是要好好地培养班干部。

1.要充分相信班干部

经过自己精心挑选的班干部,自己要信得过,要相信他们能办好事情,正所谓“疑人不用,用人不疑”。只有相信他们,才能发挥他们的潜能和水平,让他们很好地处理班级事务。如果在管理过程当中有什么不妥的做法,也要及时指出,以便下一次做得更好。

2.班干部明确各自的职责

对班干部的工作职责和任务要有明确的分工合作。如班长全面负责班级各项事务,学习委员负责班级的学习,包括学生作业的完成情况、科代表的管理以及学习任务的落实情况,体育委员负责与体育有关的事务和“三操一动”,宣传委员负责宣传和班级文化建设以及板报的刊出等。也就是说要让每一位班干部都有实实在在的事做,即人人有事做,事事有人做。班干部之间既分工,更要合作,因为一个班集体是一个团体,更要像一个团队,发挥团队的作用才有巨大的力量。

3.班干部的模范带头及威信树立

榜样的力量是无穷的。有时也会出现有个别班干部说的话,有同学不太听或者打折扣的时候,这时就需要班主任出面,可以是在一定的场合告诉同学们说,工作(当然这工作要确实是班主任布置的)已经叫某班干部布置下去了,之后就他按说的执行,这样就会有威信了。

4.每周召开一次班干部会议

在班干部会议上,班主任要善于听取班干部和同学们反映上来的意见和建议,因为班干部与大家生活在一起,对每一个同学的生活习惯、行为方式都会有一定的了解，甚至是了如指掌。通过学生了解学生，所掌握的情况会更真实，班主任做起工作来就会更有针对性，再者，班干部既是学生，又是学生的“领导”，在很多方面有自己切身的感受和体会，所提出来的建议会更贴近学生。要让班干部站得更高、看得更远，即站在班级发展、班集体荣誉的高度权衡利弊、处理班级事务。班主任既要对上周的情况作出小结，总结经验教训，又要对下周的工作作出规划，以便班干部有更为明确的工作目标和方向。可对在近期工作认真负责的班干部，要适当地给予表扬，这表扬可以是口头的、书面的，私下的、公共场合的，要多方面结合起来，这样就可以提高班干部的工作积极性和工作效率。

（四）组织多彩的课外活动

要使班级有凝聚力，还必须精心组织必要的有特色的活动，让学生充分享受活动带来的乐趣，使学生体会到他们所在的集体是幸福温暖的集体，从而更加热爱这一集体，就能以更轻松的心情投入到学习、生活中去。班级活动形式多种多样，包括班会、第二课堂、课间活动等，开展活动时，班主任必须要制定整体计划。一系列的活动为学生架起了桥梁，了解生生关系，为他们互相理解、互相合作提供机会，另外这些活动也为学生提供了平台，激发了他们拼搏向上的精神。在活动中，学生的参与意识、主人公意识得到加强，班级的凝聚力也无形中增强了。学生从集体活动中受到团结友爱的熏陶，得到师爱的温暖；在公益活动中体会到助人为乐的快感；在文体活动中体会到青春的欢乐和美感的满足；在与人接触中，在处理各种矛盾中，体会到各种理智的意义……

（五）关爱每一个学生的心理发展需求

班级心理辅导，首先，可以帮助学生认识自己、了解自己、接纳自己，使他们能够对自我有更适当的看法；其次，可以提升同学的沟通交流、学习社交技巧和发展人际关系的能力，学会信任他人；另外，可以培养学生的责任感，关心而且敏锐地觉察他人的感受和需要，更善于理解他人；最后，可以加强成员的归属感和被接纳感，从而更有安全感，更有信心面对生活中的挑战。[1]学校通过各种各样的教育方式，特别是心理辅导，通过心灵沟通的方式对自己的学校、班级、老师等有助于班级凝聚力的强化，但是问题在于如何同学生建立起心灵沟通，目前很多学校缺乏相应的咨询服务中心。

班主任不仅要"传道、授业、解惑"，还应该具有崇高的人格魅力，渊博的知识和深厚的艺术修养，在学生中树立威信，使学生尊重你，支持你，依赖你，主动地聚集在你的周围。只有这样才能在教育中达到"随风潜入夜，润物细无声"的效果。实际上，个体在社会化过程中参与的群体很多，而且，不同的个体参与的群体差异很大。对于某个个体讲，他们所参与的所有群体或多或少地影响了个体的社会化。教师要把爱洒向每一个学生，即使是最"差"的学生，作业拖拉的，成绩最差的，品德不好的，我们也给予最大的，最多的爱心，不讨厌他，不怨恨他，不鄙弃他，爱学生并不难，难是爱"笨学生"、"糟学生"、"坏学生"，要从心里去爱，真心诚意地去爱，并且告诉每个学生只要做到"自信"和"尽力"都会成功。教师爱学生，首先必须尊重学生。尊重学生要以信任学生和理解学生为前提。能将学生看作是一个平等的对象来看待。古人韩愈就有"弟子不必不如师，师不必贤于弟子，闻道有先后，术业有专攻，如是而已！"的说法。教师不要总以老师的身份自居，动辄就训斥、挖苦、讽刺学生。人都是有自尊的，老师要对学生要公平，一视同仁，不能因为学生成绩的好差、相貌的美丑、经济条件的好差而对学生另眼相看。对学生要始终表现出关注和热情，巧妙地对学生进行奖励和批评。教师关心学生不仅要表现在语言上，更重要的要落实到行动上。从小事做起，从点滴做起，使学生无时无刻不在感受到老师的关心与爱护。学生生病，你上去轻轻关心几句，并为之送来了药片，常说"受滴水之恩，当涌泉相报"，学生是不会忘记你的，学生心中定会无比地感动。只要教师能真情付出，学生必然会真情相报，教师与学生之间有了真情，有关爱，我想没有的比这更具有凝聚力的了。总之，教师只要热爱学生，尊重学生差异，因材施教，造成正确舆论，让学生在各自不同的起点上认

① 刘桂芬.班级心理辅导在增强大学新生班集体凝聚力中的运用[J].广西警官高等专科学校学报，2010，98(6)：66-68.

识到自己在集体中的重要性,帮助他们发挥自己某一方面的特长,培养和教育班集体,班集体就有一股强大的凝聚力。有了凝聚力,班级就会一步更高于一步,最后实现创建良好班集体的目的。

(六)建立多元的班级评价机制

每一位学生都有自己的智力强项和独特价值,对所有的孩子都采取同样的标准和评价方式是不合理的。关注学生个体发展的差异性和个体内心发展的不均衡性,就要建立多元的评价体系。

1.及时性表扬"贴笑脸"

根据孩子们每天的行为表现,制订了"文明笑脸"、"卫生笑脸"、"学习笑脸"、"爱心笑脸"的评比细则。某位学生在其中一个方面做得比较好,值得大家学习的,就可以获得一个相应的"笑脸"贴在班上的专栏里,激励孩子们天天进步。如"学习笑脸"是指:与老师同学和睦相处,在学习和课堂中主动与同学合作交流,主动辅导同学学习,并取得优秀成绩的学生;"爱心笑脸"是指:对一些社会生活事情比较关心,积极参与助人活动,表现比较突出的学生,从而教育孩子们都要做生活的有心人。

2.阶段性评价发"激励卡"

将以上的评比每月进行小结,由班主任和班干部及全体学生评议出获得笑脸的前五名同学,分别发给"激励卡",并奖一些相应的学习用具,及时树立同学们学习的榜样。

3.期末评选"六星"人物

学期末时,根据孩子们平时获得的"激励卡"数量,评选出校级的"六星"先进人物,让孩子们从开学到结束都能紧紧围绕"诚实守信,积极向上"的目标而努力。

总之,班集体良好氛围的营造,需要在班主任、任课老师、全体学生的共同协作与努力下形成的。它是一种自我凝聚、自我归属的精神产物。这种氛围在潜移默化中改变学生的思想和行为,它会让学生从依从它到认同它,最终形成学生自己的内化,这个过程不是说教,而是体验,是学生的主动参与。

案例

班级文化，团结进取

某校一个初中班级，即当时的七（三）班，成为这项研究的实验班。这个班最初是经过随机抽取学生组成的，但该班的起点却在全年级中居后。一方面，多门课程成绩比较落后，尤其是语文学科成绩更是居于平行班的末位（七年级时，平行班共8个；到八年级时，有一个班被解散，平行班变为7个）。另一方面，整个班级的精神状态显得比较散漫，缺乏一种积极进取的学习态度。在开始成为实验班时，同学们都觉得很光荣，也很认真努力；但过不多久，新鲜感没有了，问题也出现了。尽管在开始的一年多时间里，采用过“岗位轮换制”、“一日班主任制”等做法，也有过“班级群星栏”、“每日一评”、“生物角”等方面的安排，但最初就出现的一些现象尚未根本改变：同学们对于班级事务比较麻木，对于教师要求他们主动参与学习、参与班级活动的希望缺乏呼应……在换了新班主任之后，班级建设研究逐步得到加强。其后，在师生共同努力中，越来越多的同学得以展现出蓬勃的活力，逐步形成了主动学习的氛围和团结进取的班级形象，也在学业及诸多教育活动中取得了显著的进步。初中毕业时，同学们带着优秀的成绩，迈着矫健的步伐，走向新的生活，并在新的环境中有了更多令人欣喜的表现。

1.案例分析

（1）个体主动发展的意识和能力较为缺乏。例如，从表面上看，同学们都知道应该独立学习；但实际上，有一些同学竟经常在早晨到校后找别人抄作业。在一次问卷调查中，针对“你的朋友要求你把作业借给他抄，你会怎样做?”这一问题，选择“爽快地借他”和“让他先做，做不出来再给他”的学生竟占60%以上。他们的学习态度普遍比较保守，主要目标限于完成作业、通过考试、提高成绩；他们从老师和家长哪里知道学习是为了自己的前途，但他们对于“学习到底是为了什么”感到比较迷茫，因此普遍缺乏主动发展的打算。在包括课堂学习在内的班级生活中，总体上较为缺乏自主自律的意识和能力，仍较多地处于教师和班干部的控制之下；只不过随着学生在长大，老师和干部控制的手法变得更有人情味一些。令人不安的还有，因为语文平均分连续几学期都居于全年级末位，数学成绩也不够好(英语学科倒是一直保持在前列)，该班相当多的同学对学习表现出悲观、自卑的心理，普遍缺乏自信心。

(2)集体意识还不够强，缺乏有主导价值的、有吸引力的班级文化。同学们对班级事务的参与表现出较明显的程式化、表面化特征——这也是缺乏主动发展精神的具体表现之一。就学生自身来说，对于班集体的认同、对班级事务的参与、对班干部角色的理解等都与“新基础教育”的期望还有很大差距。在诸如出操、优生与“差生”之间的关系、课堂纪律、班级奋斗目标等方面，缺乏积极的态度；当班主任不在场时，表现得比较散漫，缺乏凝聚力，以致于有位同学指出，“每天每个人都像活在一个杂乱的生活中，没有一点精神”。对于以小组或小队为单位开展的班级活动，同学们逐渐有了较为浓厚的兴趣，大部分能有计划、积极参与；但是，对于以班级为单位的事务，诸如组织办好一次班会、布置墙报等，则表现得较为冷漠，往往只是被动执行老师和班干部的具体安排。班干部在管理班级时还不够有效，有同学甚至把他们归为三类：“事不关己，高高挂起派”、“老好人派”，“洁身自好，爱莫能助派”。问卷调查表明，同学们对班干部角色的理解比较朴素，即首先要成绩好、能管住自己，其次要有能力为班级做好某项具体事务，如办黑板报、维持秩序等，极少人考虑到要为同学服务、提高班级生活质量，让自己也获得成长机会。

(3)文化生活内容渐趋丰富，思维也相当活跃，但是精神生活的质量仍较为平庸。同学们的课余活动主要有：看书、体育活动(游泳、溜冰等)、唱歌、绘画、逛街等。其中，听流行歌曲在女同学中呈现扩散的趋势，有5位学生明确表现出“追星”倾向，如

"凡是某某歌星唱的歌就都喜欢";踢足球、打篮球、上网吧成为许多男生喜爱的活动。他们对于这些活动都有自己的想法,也有少数人明确提出希望在班级中讨论诸如"追星"、崇拜"偶像"等问题。对于交友、同学间令人感动的事、师生关系、就业前景等问题,不少同学也有许多思考。不过,他们在这些领域中表现出的精神生活仍处于自发状态,尚缺乏充足的上进心。例如,在一次班会上,同学们表演了7个节目(6个自编小品、一个诗朗诵),反映了大家对于女生爱打扮、课余进行不正当活动(参与赌博等)、"追星"和对班级的责任等生活内容的思考;虽然也有一些代表正确观点的话语穿插在节目之间,但夸张的表演、不断的"搞笑"遮蔽着有待思索的意义空间,也占用着深入交流的活动时间。"自主活动"的形式、反映主流价值的套话和程式化的串词,掩盖着精神世界的苍白。(若无进一步改进,他们的在校生活很可能就这样一天天地延续下去了。)全班47名同学(后来转走3人,转来2人)有12人属于单亲家庭,他们相对缺乏来自完整家庭的爱护。个别同学因为父母亲忙于自己的事务疏于管教,较多地流连于亲友开的发廊等场所,接触到一些成人生活内容,并在一些同学间传播,造成了不良影响。还有一些家长因为孩子的成绩长期落后而失去希望和耐心,教育方法简单粗暴,甚至当着老师的面骂孩子,给孩子心灵造成重大伤害(班主任当场予以劝阻,并协助沟通双方的思想)。这类现象,再加上因为一些功课的成绩长期落后而形成自卑感等因素,使得同学们的精神生活呈现出相当复杂的局面。

2.案例应对成效

教师工作态度和方法的转变,在整个班级建设研究过程中既是一个重要的影响因素,也是逐步取得的一个重要进展。通过每周一次结合他们具体教育行为展开的对话,促进师生之间的思想交流,通过具体的改革措施使他们体会到学生身上产生的种种进步,相互之间密切合作,共同研究学生的生存状态,从中发现、创造和利用教育资源。随着班级建设研究逐步深入,学生也有了越来越多令人振奋的发展情形。

(1)学生个体走出卑微孤立的形象,逐步形成开放和主动的心态。学生信心的树立,是一个复杂的过程;其中,随着学生在班级中真正获得越来越广阔的发展空间,随着青春活力逐步展现,他们思想在保持一份天真的同时也在逐渐走向成熟。他们宣称:"我长大了,已经有了自己的想法,自己的见解","我想用我自己的方式来解决问题","我做事有我的原则,有我的方法,我有自己的性格"。展望未来,"人生还有无数的机遇在等我,还有无数的机会在等我去把握。只有一直往前去,才会有新的前途。"与此同时,他们也在学会通过与他人的交往融入集体。在毕业前夕的问卷中,许多同学都提到:在初中生活中最大的收获就是融入到一个充满温暖、乐观向上、勤奋好学的班集体之中。在这里,"学习成绩不断提高"、"思路越来越开阔,学习越来越活跃";在这里,"我们懂得了许多为人处世的道理","我学得更多的是怎样主动帮助别人,不计较小事";在这里,"同学之间慢慢成为知己,好朋友",其中,有两位同学的变化很有代表性。

(2)班级整体树立团结向上的形象,逐步形成民主和不断进取的生活机制。从七年级下学期起,该班陆续有17人加入团组织,成为全年级入团人数最多的两个班级之一;与此同时,班级多门学科的成绩也取得明显进步、尤其是语文从年级末位上升到居中,英语学科保持在年级前列;最后在中考时6门学科合计的平均分也居于全年级第二,全部考入高一级学校(26人上高中)。不过,该班取得的进展远不止于此。随着同学们一个个更为主动、自信地参与班级生活,原先依靠班主任个人权威或人格影响力和少数固定的班干部维持班级秩序的状态,也逐渐过渡到班级成员主动关心和民主参与集体事务、共同营造精神家园的情形。有学生说:"以前,我只是一心管好自己,班中的事从不理会,认为只要自己的成绩上去就行;现我逐渐地改变了自私的行为,不断为班级着想,为同学着想,总想尽自己全力为班级争光。""当了干部后,我有一种光荣感并且肩负着一系列的责任感。在同学们的支持下，我出了第一期黑板报，还很成功，我心里十分自豪、欣慰地看着自己和同学的劳动成果。”“班级就像我们第二个家。”同学们认为，“九(3)班最大的特色就是创新，这对我们走向世界十分有用”。确实，在各门学科的学习中，同学们逐步放开胆量，主动参与到课堂讨论中；“讨论时非常激烈，思路也比较开阔。”另一方面，他们自觉的行动也落实在课后作业和相互帮助之中。于是，成绩、自信心同步上升，活跃而有序的学习氛围、成为班级一员的责任与骄傲也随之生成。当然，成功的道路上也并非全是坦途。“我们这个集体，从不团结到团结，从吵闹到安静，从幼稚到成熟，从沉默到积极，起起伏伏也很多。”“初一的集体，是各顾各的，大家都互不相干，谁对谁都是冷淡的，不会有很多的话语，所以在这个集体里生活的我不知温暖。可在一年后的我们，开始团结，开始去关心他人，开始学习助人为乐的原则，开始互相谈论生活中、学习上的问题和酸甜苦辣。这时的我们已懂得了团结是什么。”在前进的路上，靠着同学们越来越强的凝聚力，靠着班级生活中的民主机制，一个个困难被主动克服，一件件事情被主动完成，一项项成果被主动获取，一名名少年在茁壮成长。“我们班级每天蒸蒸日上，各有特色、灵气十足，你说，我能不喜欢自己的班级吗?”对班级的这种归属感、自豪感，使他们在毕业后还通过网上建立专门网址、相约举行聚会等形式表现出来，也使他们在新的学校里能够沉着、充满信心地迎接许多正面因素和负面因素提出的新挑战。不仅如此，他们还逐步敞开胸怀，关注社会发展。他们在团支部、班委会组织下，每周五下午到所属街道的一些单位开展公益活动；他们根据居委会安排，慰问孤寡老人，帮助做家务，为老人表演节目；他们还参与所属街道的社区学校活动，如出黑板报、管理图书室。在政治课的学习中，他们也走出教室，利用国庆节七天长假，展开社会调查，从商品的变化、用卡消费量增加、娱乐、住宅、发型等方面了解社会变化；这些调查和感想，被写进同学们为墙报所写的稿件中。最后，还以此为基础组织了一次主题班会。这些活动,不仅使他们的班级形象更受人称赞,还使他们的心胸更为开阔、心情更为开朗。

思考题:

[1]教室内的基本设施包括哪些方面?

[2]教室内的布置应体现哪些方面的要求?具体项目有哪些?

[3]不同学科的教室布置,分别有哪些细节区别?

[4]优良班风对学生健康成长有哪些方面的意义?可通过哪些方法塑造?

[5]通过哪些途径,可以凝聚班集体?

第七章　在活动中促进班集体发展

第一节　活动是班集体生命的源泉

一、班级活动的主要类型

班级活动是指为实现班级教育目标，在班主任和任课教师的指导下，师生共同参与的，以坚持爱国主义、集体主义教育为价值原则，以学生为主体，以培养实践能力、创新精神为向导，有目的、有计划、有组织的各种教育教学活动。班级活动是学生学校活动的基本形式，也是班级文化建设的重要内容。开展班级活动有利于培养学生良好的品德，发展个性特长，锻炼意志品质，养成良好的行为习惯。[①]班级的共同努力目标要靠班级每个成员参与共同的活动而实现，促使集体纪律的增强、同学友谊的发展。在班级活动中，要注意运用多种形式，提高学生认识、意志、情感等非智力因素，也要注意增强对学生智力因素的开发和实际能力的提高。通过活动对学生进行情感态度、思想道德、人生观、价值观的教育，培养学生的创新能力、创新精神。学生“动口”、“动眼”、“动手”、“动脑”、“动心”，通过外在的“动”，促进内在的情感和思想的变化。老师是主导，班主任老师必须根据具体情况，随时发现问题，随时解决问题，才能确保活动进行。开展多种有组织的班集体活动，可以锻炼身体，增强体质，增长知识，提高认识能力。在活动中，学生通过各种感官去感受事物，接触各种人与事，从中获得知识，开阔视野，增强思考能力。学生还可通过多种形式活动，学到某些技

---

① 晏燕.班级活动的类型和实施原则探析[J].成功：教育，2010(7)：273.

能。因为参加丰富多彩的活动不仅要看、要听、要想，而且要说、要写、要做，学生的个性品质、兴趣、才能等在集体活动中能得到表现、发展和调整。

（一）主题教育型

主题教育活动指经过学生和教师精心设计和准备开展的，有明确主题的班级活动。根据活动的主题不同，可以把主题教育活动分为德育、智育、心理健康教育和法制安全教育等类型。[①]为了解决班里出现的一些实际问题，我们也可以组织一些针对性强的班级活动，比如：早恋问题、抄作业问题、泡吧问题等。班主任要能及时地抓住班上的思想动态，亲自主持，内容要集中，材料要丰富，语言要有感染力，要能够打动学生。在教育内容上，应根据党和国家的教育方针，根据《中学德育大纲》，把爱国主义教育与爱校教育结合，如“我为母校献一计”献计活动。班级活动的质量从一个侧面反映了个体对组织的认同和责任感，我们可开展“怎样才能成为生活的主人”等小组演讲，处理好个人与集体的关系，进一步增强合作、集体意识。我们应引导学生认识改革开放以来祖国发生的巨大变化，同时指导学生认识现存的弊端，在现实的基础上帮助学生开展，如“公民人格”教育具体阐释为“社会责任教育”、“诚信守法教育”、“平等合作教育”、“勤奋自强教育”。在不同学习阶段的教育内容，我们要求贯彻于日常的教育教学工作中，要以人为本，可分为“认识自我”、“人与他人”、“人与自然”、“人与社会”、“人与科学”五条线来串联班级活动。班级活动的教育内容很多，是交错综合的，不能片面地理解为单纯的思想道德教育。为了取得良好的教育效果，开展活动时应注意内容与形式的统一，理论与实践相结合，教育目的的明确和教育手段的巧妙。班级活动的教育性，不仅要表现在组织活动的动机上，也要表现在活动实施后的效果上，要把两者统一起来。

（二）知识型

学生的发展不仅需要一些制度化、常规化的活动，更要坚持集体化、

---

① 晏燕.班级活动的类型和实施原则探析[J].成功：教育，2010(7)：273.

多样化和知识化的发展方向,使集体的活动不只为集体本身所需要,而且为每个集体成员所欢迎,争取让全体同学共同参加,形成集体的凝聚力和向心力。要把活动搞得丰富多彩,形式要多种多样,内容要生动活泼,满足学生不同兴趣、爱好、特长,促进学生多方面发展。班主任应通过班级活动使学生开拓思路,激发学生求知的兴趣。这类活动主要从学习目的、学习方法入手,如家长与学生座谈、"学海初航品甘苦"学习经验交流、"怎样使你更聪明"学习方法指导等。特别是步入知识经济社会,更需激发学生崇尚科学,追求科学的热情。我们可以设计"奔涌的科技新潮流"科技知识讲座,不仅要指导学生学习与课本知识密切联系的文化知识,还要指导学生学习社会生活中所需要的广义的文化知识,像人际交往、艺术欣赏、法律常识等,我们可以设计"警钟在这里长鸣"模拟法庭辩论等活动。如"他与时间"学习习惯评点这一活动,在活动中,可以穿插介绍名人关于珍惜时间的论述,使同学们在哲人睿语中,在知识的力量中产生思想的升华。

(三)趣味型

让同学们在笑声中、歌声中陶冶情操,提高认识。开展这样的活动要注意考虑不同学生的趣味差异。例如,对于成绩较好,积极向上的同学,可定期开展学科竞赛、英语口语演讲、体育竞赛、文娱等活动,以激发他们的求知欲、上进心,发挥他们的主观能动性。对于那些青春意识萌动较早的同学,要在班会上展开"迈好青春第一步"等主题座谈会,帮助他们学会珍惜美好时光,刻苦学习,建立纯洁真诚的同学关系。[①]学生天真活泼,好奇爱动,这就要求班主任老师在设计活动前,必须让活动的内容与形式适合学生的年龄需要、心理特点,抓住学生的动情点,使他们自然而然的投入到活动中来。必须使思想性和知识性、趣味性融为一体,使之"寓教于乐",增长知识,完善人格。在选择主题时要找准学生内心的"兴奋点"、外因内化的"结合点",尽量满足学生的需求,充分调动学生的欲望,从而激发学生的探究潜能。主题班会要贴近学生、贴近生活、贴近时代,趣味是

① 胡长青.班级活动浅谈[J].安徽教育,2001,5:20.

学生接受教育的动力。

（四）心理辅导型

由于学生处于这个特殊的年龄段，叛逆、不服输，但有时又明显的缺乏自信，特别需要他人的欣赏和认可；再加上刚刚步入青春期的困惑以及面临的种种压力，常常会产生各种各样的心理问题。适时的开展一些心理辅导活动，可以让学生在活动中利用他助、自助、互助相结合的方法，体验、交流、感悟，达到自我教育的目的。我们可以针对友谊，开展了一次心理活动课——《找朋友》，使他们懂得对朋友要以诚相待，当朋友有困难就要伸出援助之手；当朋友快乐时，和他一起分享；当朋友犯错时，能够提醒他。

（五）实践型

实践性活动主要指的是为培养学生的创新能力和实践能力而开展的班级活动，主要包括科技创新活动、社区服务活动和参观访问，开展实践性活动是为避免"高分低能"的最佳途径。[①]我们在组织这样的活动之前，一定要注意先告诉他们主题，启发他们在活动中去探求真、善、美。而且在活动的时候，要多次给学生讲"玩"的意义，引导学生在玩中观察生活、激发感情。只要老师胆大、心细，不妨尝试着组织，一年有好多节日的教育时机。例如：新年、春节、清明节、端午节、中秋节、教师节、五一、十一、母亲节、父亲节……通过调查、论辩、演讲等活动，有利于学生思维能力和口头表达能力的提高；再如家务劳动比赛等，则有利于学生生活自理能力的提高。开展节日性活动，可以使学生同时接受学校、家庭、社会的三重教育，促进学生道德品质、知、情、意、行各心理要素的全面发展。

（六）系列型内容

常规班级活动也称日常活动，主要包括晨会、课间活动、值日和班级例会、系列性主题班会等类型。班会是班级活动的常见形式，现在的班会

① 晏燕.班级活动的类型和实施原则探析[J].成功：教育，2010(7)：273.

大多是固定在每周的周一或周五开展,时间就是一节课。由于班会时间的限制,有很多主题无法在45分钟内充分完成,所以我们可以把一个主题分成若干次来进行,有计划、有目的的,应该是符合学生认知规律和心理变化特点的。例如:初一的情感系列教育,开展“妈妈,请原谅您不懂事的孩子吧,我对不起您!”、“理解是双向的”等主题班会,让学生了解母亲,热爱家庭,尊重长辈;然后再上升到“了解同学、热爱集体、尊重师长”,再到“了解社会、热爱祖国、尊重人民”。在初二的时候配合人生观教育,要抓住了是非观、苦乐观、价值观等系列来突破从少年到青春的过程,开展“新的起步”等系列教育活动。初三抓理想教育,根据学生发展阶段和自身思想矛盾转化的特点,要抓住远大理想和现实可能性的矛盾,开展系列理想教育活动:“昨天我立志,今天又达标,明天再追求”主题班会,设计理想同时还要听别人对自己的评价,充分认识自己、认识别人。

1.初中班会课基本内容

(1)初一(上):做合格的中学生。

当我迈进新校园时　　(新生谈进校体会)
难忘啊!“黄金时代”　　(家长回忆中学生活)
我是这样起步的　　(高年级优秀学生介绍)
我和ABC交朋友　　(英语学习)
我是家长小助手　　(家务劳动比赛)
欢快的十分钟　　(小型、多样的体育比赛)
学海初航品甘苦　　(学习心得交流)
致敬,亲爱的老师!　　(尊师活动)

(2)初一(下):做家乡的小主人。

请听我们的建议和呼声　　(献策)
为了家乡,我愿……　　(一分钟演讲比赛)

(3)初二(上):迈好青春第一步。

青春,人生最宝贵的年华　　(青春期知识讲座)
练就我们强健的体魄　　(青春杯体育竞赛)
爸爸妈妈,你们听我说　　(学生与家长谈心)

(4)初二(下):我为团旗添光辉。

用热血填写我们的志愿书　（入团志愿书介绍）
烈士墓前的沉思　（祭扫烈士墓）
雷锋在我们的行列中　（走向社会的义务劳动）
(5)初三(上):谱写人生新一页。
成功在于实践　（小实验、小制作、小论文成果介绍）
我将这样对待生活　（答辩）
我向教师进一言　（与任课老师通信）
我最喜爱的一句格言　（格言交流）
(6)初三(下):母校永在我心中。
温故知新话复习　（学习经验交流）
我为母校献一计　（献计）
同窗情深共勉励　（临别赠言）
二十年后再相会　（联欢）

2.高中班会课基本内容

(1)高一(上):高擎理想的火炬。
高中生活应当这样起航　（班主任老师指导）
“人才成长百例”的思考　（实话实说）
怎样使你更聪明　（学习方法指导）
我最喜爱的一首歌　（歌曲欣赏）
(2)高一(下):让生活充满阳光。
做一个道德高尚的人　（文娱表演）
奔涌的科技新潮流　（科技知识讲座）
怎样才能成为生活的主人　（小组演讲对抗赛）
假如我当班级活动主持人　（最佳主持人评选）
校长同志,我们建议　（参政）
(3)高二(上):全面发展谱新篇。
家乡的昨天和今天　（专题调查汇报）
青年志愿者的报告　（青年志愿者活动报告）
漫游智力世界　（学科智力竞赛）
警钟在这里长鸣　（模拟法庭辩论）

聚焦热点　　　　　　（热门话题大家谈）
班级轶事面面观　　　（小论文评选）

(4)高二(下):在党旗的召唤下。

人生、理想、信仰　　（团支部与同学对话）
我心中的标尺　　　　（座谈）

(5)高三(上):莫让年华付水流。

莫让年华付水流　　　（同龄人谈心）
友谊与事业　　　　　（论辩）
我为同学送温暖　　　（互助交流）
生活教育了我　　　　（自拟格言交流）
师长,你的心愿我明白　（师长赠言）

(6)高三(下):走向美好的明天。

三年学习得失谈　　　（用外语交流学习体会）
情系母校　　　　　　（征文评选）
我们走向美好的明天　（毕业庆典）

二、开展班级活动的基本原则

班级活动是在班主任的指导下,有目的、有计划地为实现班级教育目标而举行的各种教育实践活动。开展班级活动有利于培养学生良好的品德,发展个性特长,锻炼意志品质,使行为习惯得到培养,班级活动是集体形成的基础。①

(一)教育目的性

每次班级活动要主题鲜明、目的明确,特别要突出思想品德、社会道德、树立理想等方面的教育,明确为什么开展此项活动?开展此项活动要让学生受到哪些方面的教育?班级活动的目的可以从多个角度去界定,大到和国家的教育目的一致,小到和每一个学生的身心发展要求一致。班级活动的教育意义是多方面的,它可以是提高学生思想道德水平的,可

①张建宏.班级活动的五个原则[J].教学与管理,2004,9:22-24.

以是开发智力的，可以是提高实际操作能力的，可以是增强审美情趣的、强身健体的等，班级活动应发挥教育的综合功能。在制定班级活动目标时，要寓教于乐。例如：召开“我们小队能人多”的班会，通过展示各小队制作的一期专题墙报，使大家体验合作创作的愉快。老师应夸奖对集体献计献策的能人，展示的是小队集体创作，受夸奖的面应广，这有利于调动全班每一个人的积极性。活动的名称要有感染力，场地、会场布置要体现教育情境，标题的书写、桌椅的形式都要做整体设计。班主任要最大限度地调动学生动口、动手、动脑参与，在亲身实践中受到教育，还要注意电脑课件、实物投影等物品的教育作用，活动总结可以是班主任总结，也可发动学生自己总结收获和体会。[①]活动应以“坚持四项基本原则、爱国主义”为教育主线，教师可以用语文课本中的名人名句为班会主题，如爱国诗人陆游“位卑未敢忘忧国”，范仲淹“先天下之忧而忧，后天下之乐而乐”等名人名句。[②]

（二）师生全员性

在活动前就要让学生自主地参与活动的设计，师生共同选择活动的主题，教师要把自己当作活动的一分子，做学生的合作者。活动主题的确立要符合学生的年龄特点和认知规律，使学生有能力参与。活动要多从班集体的现状和学生身心发展的实际出发，活动设计的切入口要小，切忌求大求全；要针对班级现状，针对学生思想、学习生活的实际来确定教育主题。主题班会要求学生全员参与，每个人既是参与者又是受教育者，班会切忌出现一部分学生表演，一部分学生观看的局面，最大限度地调动学生的内在热情和欲望是主题班会成功的标志。主题班会就是要做到使学生都有话讲，都有根据自身的特点，展示自我的机会，达到自省、自律的教育效果。主题班会要让学生自己策划、自己组织、自己实施，培养他们自我教育、自我管理、自我发展的能力，让学生焕发出自尊、自强、自我实现的需要，教师只需在关键处加以引导和点拨即可。教师要把目光放在学生创新意识和创新能力的培养上，创新教育已成为当代教育的价值新取向。班主

①张建宏.班级活动的五个原则[J].教学与管理，2004，9:22–24.

②胡长青.班级活动浅谈[J].安徽教育，2001，5:20.

任应该给学生提供充分施展才干的机会，可采用“班干部轮流制”的方法。为了培养学生发现问题、组织活动的能力，可鼓励学生针对班内存在的问题，策划有意义的班级活动。学生正处于成长发育时期，身心都远未成熟，他们求知欲强，追求新奇，对内容丰富、形式新颖的活动有着浓厚的兴趣。在活动中，让每个学生找到自己的兴趣点和闪光点，有目的地培养他们的信心和善于合作的集体主义精神，懂得并且习惯于去关心集体和他人的利益。[①]让身有特长的同学在活动中扮演组织者和领导者的角色，这样既可以让他们充分发挥自身优势，又可以让他们引导全班同学开展活动，不仅使特长生体验了成功感和满足感，而且将全班同学牢牢地凝聚在一起。[②]班级活动不能以班主任为中心来训斥他们，那样只能引起学生的反感和逆反心理。班主任要真正了解学生，做到因材施教，成为学生学习上的良师、生活上的益友，只要学生提出的建议正确就采纳。[③]允许他们大胆设想，敢于质疑，使学生各抒己见，寓自我教育于民主讨论中。例如，班主任可召开“我向班主任赠给一言”主题班会，中下等生，平时不善于质疑，而在班会课上可以让他们一鸣惊人。教育不是为了如何去管理学生，而是要让学生学会自己“管理”自己，如果连自己都没有管好，就根本谈不上去管理别人。要管好自己就要学会制定计划和目标，让学习、生活具有系统性和规律性；要学会从身边的小事做起，经常自我反省、自我约束。要想管理好班级，就要学会让批评的话语到了别人的耳朵里，是善意的、温暖的。班主任要与班委会、团支部相配合，使全班同学处于兴奋状态。例如，论辩活动，我们多组织几队辩论；在台上辩论时，可安排台下助辩的形式。老师对学生的态度，不能因他的成绩、表现而有所不同，人都是平等的，家长把孩子交到老师手中，老师没有任何理由冷落、歧视他。

（三）整体多样性

整体活动和个别活动是辩证统一的，只有从设计、准备阶段，发动学生全身心地投入进来，活动实施时才会有激情。在系列活动中，每前一个

①韩彬.班级活动创新初探[J].山东教育，2002，10:27.

②刘春霞.如何有效组织班级活动[J].考试周刊，2012，12:232-233.

③胡长青.班级活动浅谈[J].安徽教育，2001，5:20.

活动的结束为后一个活动的起点，后一个活动巩固、强化了前一个活动的教育，整体教育效果就显露出来了。[①]在教育力量上，从校内看，班主任要争取班级各任课老师的配合，有些活动还应请任课老师担当角色，可设计加强学生与任课老师沟通的"我向老师进一言"活动。从校内外看，要加强学校与家庭、社会教育的联系，如高三时"我们走向美好的明天"毕业庆典等活动，可以让家长在"特定的教育环境中"与学生对话。班级活动要注意内容、形式、组织方式的多样，教育内容上的整体性，不应是硬性的拼凑，而应是有机的组合，从不同的侧面加以反映。开展班级活动要兼顾学生德、智、体、美、劳各方面的素质，使活动既有教育性，又有趣味性。如一个班级在制定活动计划时，主线是通过活动促进学生全面发展，具体安排上既有思想教育方面的"一日常规我知道"、"集体在我心中"活动，又有学习方面的"智力竞赛"活动。

活动内容多样化，使不同程度的学生都有施展的机会，心理上有成功的体验。学生喜欢求知、求新、求乐，如班级活动内容是"他在我的心中"，形式上可以开故事会，讲英雄模范的事迹，可以用文艺演出的形式。[②]由于年级不同，要求不同，学生不同，也会显得多姿多彩，如毕业年级都有征文活动，高三的"情系母校"将比初三的"在我成长的路上"思路更开阔、感情更深沉。又如同是学习经验交流，高一的"我们握有金钥匙"将比初一的"学海初航品甘苦"显得更有理性。初三的"二十年后再相会"联欢活动将以活泼形式留给学生深深的回味，高三的"我们走向美好的明天"毕业庆典将以隆重的气氛印进学生记忆的脑海。只要多动脑筋，同一个活动命题，也会有不同的做法。以"我是家长小助手"的家务劳动竞赛为例，可进行口答比赛，口答可设计简答、判断、选择、改错等不同题型。内容是主题班会的灵魂，形式是其灵魂的外现，如"法制教育"这一传统主题班会，可采用知识竞赛、问卷调查、模拟法庭、案例分析、知识讲座、社会调查、参观访问、现身说法、辩论学法等方式进行。也可请学生家长参与主题班会，还可以采取走出去的方式，带领学生走向社会。总之，没有创意的集体活动就没有学生的创新意识、创新能力的培养，也形成不了富有创新性

①张建宏.班级活动的五个原则[J].教学与管理，2004，9:22-24.

②张建宏.班级活动的五个原则[J].教学与管理，2004，9:22-24.

的班集体,这就要求集体活动因时而变、因事而变。

(四)阶段序列性

在教育阶段上,根据年级特点,安排各年级的教育重点。初一以行为养成教育、集体主义教育为基础,以爱国主义教育为核心开展活动。初二以青春期教育、道德教育为基础,以理想教育为核心开展活动。初三以做合格毕业生教育为基础,以人生观教育、理想教育为核心开展活动。高一以道德教育、理想教育为基础,以人生观教育为核心开展活动。高二以个性发展教育和党的基础知识教育为基础,以人生观、价值观教育为核心开展活动。高三以做合格毕业生教育为基础,以价值观、世界观教育为核心开展活动。六个年级,各有重点,由低向高,由浅入深,对每一阶段的活动设计,要注意体现本阶段的特点,我们要注意活动的连续性,不断地加以巩固、深化。素质教育并非一次班会课就能大功告成,应注意解决假期两个学期或两个年级段之间的衔接问题。

(五)操作针对性

班级活动的设计要结合班级现有的条件,从时间、地点、人力、物力等多方面考虑,使得活动的开展具有现实性和可操作性。主题班会的设计要从学生的实际出发,符合学生的生理、心理发展需求的基础上,紧紧围绕一个中心主题展开。要立足学生自身存在的热点、难点、疑点问题,紧扣学生思想和生活的脉搏,有的放矢地对学生进行教育。同一个主题班会,在面对不同的教育对象时,内容安排要有差异,绝对不能采取"一刀切"的做法。例如,在养成教育方面,低年级学生的要求与高年级学生的要求不能相同;在能力展示方面,障碍生与优秀生的要求不能相同;在理想教育方面,毕业年级与非毕业年级的要求不能相同。在找准教育的突破口和切入点的前提下,采取循循善诱、步步深入。例如,初一年级,往往要对学生进行校史、校风、校规的教育,要进行日常行为规范的教育。例如,初二年级,教育的一个重点应该是青春期教育。初三年级,学生已经面临毕业,应该更与学生的学习紧密相连。要注意到学生的身心特点。针对学生争强好胜与自主心理,应多举行学科竞赛、体育竞赛、文娱竞赛等活动，因为通过比赛，学生积极向上、争强好胜的心理需求得到满足。我们要充分尊重学生的意见，让学生来做主持人。针对"早恋"，困惑了很多老师，学生处在长身体的时候，青春意识萌动，我们可让学生消除青春期的各种困惑。要尊重学生的自由选择和兴趣倾向，尊重学生的个性差异，尊重学生的隐私权，如有同学沉迷网吧，班级可开展文明上网教育活动，不问过去，只看现在。作为教师，当学生在不经意间做出一件不太合常理的事时，教师应表现出充分理解学生的积极心态。

（六）激励时效性

在教学班级文化活动中，评价要多运用鼓励性的语言、信任的表情，及时肯定表扬，激励学生成就感和进取精神，让不同水平的学生都能经常体验到成功的喜悦和自身的价值，激活群体动力。如果学生得不到发展，那么所有的班级管理工作都失去了其本身应有的意义。作为教师，用发展的眼光去看待学生的差异性，同时还要挖掘其内在的发展潜力。教育需要奖励和惩罚，奖励是为了让学生更加努力更加积极地发展完善自己，而惩罚也是为了让学生纠正错误。所以，教育的奖励和惩罚制度要有目的性，要有利于学生的发展，而不能做出一些伤害学生自尊和人格的事情。主题班队会活动在准备过程中，要培养学生的认知能力、组织能力以及合作能力，在收集资料的过程中，学生也受到了潜移默化的教育。教育者不仅要在课内对学生晓之以理，动之以情，还应在课后导之以行。若班级活动计划没有安排，但是又遇上了好的教育机会，我们就要抓住时机，挖掘及时性教育的魅力。活动的目的能否实现的问题，这是组织班级活动时必须要考虑的关键性问题，主题的选择要切合学生的实际情况，在活动的形式和内容的选择上要从学生的身心特点出发，采取他们乐于接受的主题和形式，只有这样才有可能实现最佳的教育效果。[①]正面教育要抓住教育的最佳时机，有的放矢地开展集体活动，可针对个别学生因家庭困难上不起学的情况，组织开展"不吃零食省下钱，爱心献给小伙伴"活动。每次班级活动要扣紧教育改革、接近社会、有时代感的、贴近学生生活的

① 晏燕.班级活动的类型和实施原则探析[J].成功：教育，2010(7)：273.

内容,才能激发学生的兴趣,学生们发言中有调查、有访问、有畅想,才能大大激发了学习热情。虽然学生在学校,可也是一个小社会,如今社会都在提倡环保,人人有责。我们可组织学生为校园内外清理白色垃圾,不要乱丢垃圾,从我做起。班主任的思维要活,形式也要活。

第二节 有效开展班级活动的策略

一、班级活动的实施过程

班主任必须严格遵循学生心理发展规律,遵循教育自身规律,引导学生全面、生动活泼地发展。教师要树立无“差生”的信念,让师生关系成为一种伙伴关系和合作关系。课堂教学中多些正确的引导、温馨的关怀、活跃学生的思维。从班主任也是任课教师上说,课堂教学过程也属于班级文化活动的范畴,课堂教学不仅能传授系统的知识,让学生获得学习和研究的方法,掌握技能技巧,而且能培养良好的创新思想品质、思维个性和学习习惯。因此,不能忽视课堂教学,我们主张增强师生教学合作,教学中多些融思想性、知识性、趣味性于一体的现代化教学手段,致力于教学思想和过程的创新性,及创新意识的激发。开展丰富多彩的班级活动是培养学生学习主体性的途径,班级活动方式多样,班级自我管理,教育的方式灵活。学生有渴望表现自己的心理特点,班级活动对于学生来说,既可以获得满足和展示自己的机会,又可以培养学生的集体主义精神,即使不以思想品德教育为主的活动也渗透着诸多的德育内容。学生参加各种活动,必然在活动中与人交往,这正好为学生提供了学习、做人的极好机会,他们会认识到互相协作,互相帮助的重要,他们按应有的道德规范去处理好自己与他人、自己与集体的关系,在实践活动中,又会获得新的道德判断和道德情感。如果有谁在活动中品德表现不好,将会受到批评和谴责,他将会反省,努力改变自己。活动要使学生既动脑又动手,可以利用学生的特长,组织各种学习、活动小组,共同进步。协调任课老师和家长,要定期进行家访,利用各种机会和家长及时交换意见,使本班的学生通过班集体活动能够实现自我管理。[①]

（一）活动前准备

创设活动时要配合学生的需要与身心发展规律，注意活动实施的安全性，有效运用各种社会资源。

1.制定活动计划

选题确定后，班主任应和班委会共同制定活动计划，如已有开展过的活动方案，也可修改、借鉴。制定活动计划应重点明确，活动要有个新颖、易记的名称，使每个同学能产生强烈的参与愿望。由于学生水平参差不齐，班级活动难度不一，根据活动的难易，确定主持人的人选，让有能力的学生多主持，这也体现了“因材施教”。

2.分工落实任务

活动计划制定后，在明确分工的基础上，班主任应指导学生怎样去完成任务。一般以小组为单位检查，如有困难，要帮助学生分析情况，不能简单地批评指责。主持人要了解活动的全过程，对个别准备“出彩”的节目，要注意保密，只有这样才能真正激发学生的欲望，产生的感情是真实的。主持词要精当，富有激情，缺乏经验时，要书面成文；比较有经验的，可写提纲。对主持过程中可能遇到的问题，怎样导入，怎样形成高潮，怎样应付自如，活动时间短怎么办，活动进程可能拖长如何处理，班主任应有考虑，尽量按时结束，把最精彩节目先展现。在活动的准备过程中，班主任要多听取学生干部的建议，如邀请任课老师、家长或外单位同志参加，可采用口头通知、电话联系、书面邀请等方法，把活动的时间、地点、内容介绍清楚；如邀请有关同志发言，还应讲清具体要求。

3.活动会场的布置

会场布置关系到活动的气氛，黑板是会场布置的“主景”。黑板上应写上会标，可用彩色粉笔写，可用金纸剪成的字帖，可写成仿宋体、楷体、草体等，PPT的制作对会标制作也有很大的帮助，在活动前后还可放些音乐。

---

①张静.浅谈班级活动[J].阅读与鉴赏：学术版，2011，2:72.

4.活动教具的制作

为了使班级活动生动有趣,还可制作一些活动教具。在小木牌上绘上“主持”、“正方”、“反方”、“计时”、“记分”、“主讲人”、“特邀嘉宾”等字样,可在论辩、竞赛、讲座等多种活动时用。通过动员发动,学生们理解了本次活动开展的意义,清楚了自己在活动中应该所做的工作。

(二)活动中实施操作及要求

班主任一定要与学生一起活动,要充分调动学生的兴趣,保证学生的主体地位。在活动过程中,有些同学因为胆小或者不好意思参与热情不高,班主任老师要及时加入,帮他们建立信心,鼓励他们积极参与,也可以直接拉他走进活动中去。班主任是这个班级活动的主导者,要有设计的具体步骤,出现偶发状况时,如邀请主讲人迟迟未到,电源插头不灵,准备好的材料找不到,有关同学生病等,班主任要处乱不惊,随机应变,发现问题及时调整,保证活动顺利进行。活动实施时,全班同学全身心地投入是关键,班主任、班级干部要以积极的姿态,带动、影响全班同学。班主任应尽力为学生出谋划策,当好导演,就训练中出现的问题提出自己的见解与看法,做好后勤工作,这样不仅提高了学生训练的积极性,也无形中增加了自身的亲和力。[①]当班级面临难题时,教师只根据问题需要作适当指导,而不包办一切,要给同学解决问题的机会,集体提出对策,决定解决方案,集体监督实施,并做相应表扬和惩罚。在集体自主解决问题的情况下,学生会自觉遵守新规定。教师根据班级实际需要,有时也要有意创设情境,引发班级中的矛盾和冲突,制造需要解决的问题,如当其他班发生某种需要解决的问题时,假如我们班发生了这样的事情,我们该怎么办等问题。[②]

首先,要注意班级活动的规模。有日常的活动,也有主题突出的活动。日常活动基本上是每天要进行的,时间要短,一般三五分钟;解决小问题,或针对班里的情况一事一议;一次集中解决一个问题,不面面俱到。形式上也要保证实效,可以有全班、小组、同桌活动几种形式。主题

---

①刘春霞.如何有效组织班级活动[J].考试周刊,2012,12:232-233

②何娴.开展多种班级活动,培养学生学习主体性[J].教育创新,2012,2:20.

班会一般是全体参加，一次活动要达到什么目的不要定得太多，班会的程序要明了，场面不宜过大，容量以一课时为宜。其次，要注意活动的频率。一学期里，班级主题活动的次数不能过多，学生花过多精力在活动上，必然会冲击学习，会造成一些人静不下心来学习；活动过少，学生会感到枯燥，滋生的一些不健康思想，得不到有效的控制，班主任只能疲于应付偶发事件，活动多少要依据具体情况具体分析。班级日常活动要形成自动化操作，如上操、查卫生等，每天有专人固定时间负责。每一次大的班级活动，事前要制定详细的方案，谁主持，谁发言，谁表演，谁总结都要事先安排，操作起来才能有条不紊[①]，有些活动还应征求任课老师、学校领导和家长们的意见。

（三）活动后总结评价及渠道

一次成功的班级活动，它的内容广泛，形式多样，方法灵活，教育总目标是它的“神”，最主要的是必须能通过活动打动学生的心灵，使学生完成从外向内的转化。活动结束前后，应适时做小结，小结者可是主持人，可是班主任，也可是校领导或来宾。小结要切合实际，既肯定同学们的优点，又指出活动中的不足，还可指出改进的方法，活动的开展能有效地帮助学生提升自身素质，班内的不良习气得到纠正，我们在活动的过程中尽可能地要求学生以书面的形式完成各类总结。没有学生喜闻乐见的组织形式，不论内容多么好，都收不到好的教育效果；但如果置活动的内容于不顾，一味地追求形式上的新、奇、特，就可能失去应有的教育意义。班级活动不论是对班集体还是对个人都有重要的教育意义，集体的活动能给每个人带来极大的心理满足和施展才能的机会，学生能从中体验到成功的喜悦与欢乐。[②]活动搞得怎样，要通过多种渠道反馈：

（1）值日生应及时记录班级活动，要真实、具体。

（2）应组织学生执写活动纪实。事先确定执笔者（可由主持人担任），让他多了解、多留心、多观察本次活动的情况，班主任应注意提供有关资料，如活动准备过程中的好事、趣事，活动结束后学生的反映，定稿后可复

①张建宏．班级活动的五个原则[J].教学与管理，2004，9:22-24.

②刘春霞.如何有效组织班级活动[J].考试周刊，2012，12:232-233

印，每个同学一份。比较成功的班级活动，学生中一般都会有主动记录，班主任可通过语文老师了解。

(3)规模较大的班级活动可写活动总结。由主持人或班长根据班委会讨论记录整理，主要内容为活动的经验和改进意见。

(4)如有必要，可搞座谈会听取同学们的意见，可以向学生发放调查表，了解对活动的评价和建议。

班主任要重视信息反馈，不断思考，及时改进。学生们的积极性可以经过发动得到较大提高，但是他们的组织纪律性并不能立刻得到提高，自觉性和自觉意识更是需要得到加强。在活动过程中，我们要充分发挥班干部队伍的作用，分工协作，不断加强检查。科学的评价不管是对教育者还是被教育者都具有鉴定、导向、激励的作用，这一点在班主任活动中尤其突出。在班级文化活动中，教师以形成性评价，促使学生经常进行自我调查，增强学生主体的自我教育能力。评价不仅看结果，更要看到学生在这一过程中所做的努力，即使学生没能完满地达到预期目标，只要学生努力了，我们就应运用激励策略，树立学生的信心，唤起他们的自尊心，培养他们的进取心，这样，有利于学生个性发展。通过学生自评、组评、互评等形式，充分发挥班集体舆论的作用，教师要多给学生提供发表意见的机会，提高辨析能力，还要把我们对学生的评价与家长评价相结合，甚至与社会结合。我们要多给学生以宽容、支持和鼓励，让他们在学习中创新，在生活中创新，在活动中创新。

二、创新开展班级活动的策略

创新人才的协调性、整体性、创造性、自主性等智能特征，都是在学校教育中得到培养并逐步形成的。作为学校教学单位的班级，是学生创新意识和创新能力赖以发展的重要场所。班级文化活动实践能激发学生潜在的创造意识，明确培养创新人才的迫切性、可行性、现实性，以及创新活动必须具备的心理品质、品德、智能素质和成才的主客观条件，探求创新人才的有效条件、方法、途径。对于班主任创造性地开展工作，创设良好的创新活动环境，培养学生的创新能力，有着重要的理论意义和现实意义。完善创新人才培养体系，使班级文化活动成为科学、系统、高效地培养创新人才的重要途径和手段，培养德、智、体全面发展，具有创新精神和实践能力的合格加特长的学生。学生在喜闻乐见的活动中接受教育，在潜移默化中陶冶情操，能够唤起学习程度弱的学生和问题生的上进心和爱心，促进师生之间关系和谐顺利的开展，树立正确的人生观与价值观。

（一）符合班情

创设一个好的班级文化氛围，需创造和谐美丽的自然环境，还需要更好的人文环境。我们的班级，永远是一个集体，这里永远是我们的家，我们应这样想的，也应这么做的。师与生之间，生与生之间，建立团结民主、和谐友爱、互助合作的这种关系，让每一个人都心甘情愿地到班集体来，愿意到老师和同学身边来。这样，我们就形成了一个良好的班风，同学们在这个班级里也感受到了生活和学习的快乐。班级活动并不是单一的灌输、说教，如今的科技教育、网络教育、心理健康教育都应是我们开展班级活动切入点。我们可以组织各种有益于学生发展、促进身心健康的活动，通过对以前开展过的主题班会活动，引导学生进行反思总结，选择性地吸收一些精华，鼓励学生敢于设计出新颖、构思奇特的活动方案来。例如：每学期开学的第一个月班级活动，主题一般是落实日常行为规范，可以出现"敬、静、净、竞"的主题班会和《中学生学日常行为规范》知识竞赛。在创新实践中还可以培养学生吃苦耐劳的品质，提高学生综合实践水平，锻炼学生不畏艰难，这也是班级隐性文化中的重要组成部分。教师可通过书写班级日记、征集班级标语等形式，提高学生对班级的认同，提高参与班级事务管理的积极性。班级传统要根据班情，制定班级个性化的制度，在无形中就给班级规定了发展方向，制定制度性规范，可约束学生行为，对学生观念起导向作用。针对班级自身特点，形成特色的制度，如处理班级事务制度，个性化纪律规范等，是班级的传统建设，这有利于班级主体性的发展，但要注意到学生的心理需求，要注意不同时期制定制度的连续性，要经常检查制度的执行情况，不断激活制度的正面效应。[①]教育活动的内容应是老师和学生最需了解的话题，学生对活动极感兴趣，可以充分

①何娴.开展多种班级活动，培养学生学习主体性[J].教育创新，2012，2:20.

利用和挖掘当地的自然资源，只要因地制宜，从家乡的实际出发，挖掘题材，就会设计出许多有新意，学生参与积极性高的活动。活动选题确定之后，活动计划应该包括以下内容：活动的内容和目的，活动的基本方式，活动的组织领导，活动的时间安排，活动的具体准备工作，活动的地点，活动总结。活动计划应该由该次活动的负责人书面写成，每一项内容反复斟酌，以便落实。组织领导要明确具体分工，谁总体负责，谁负责宣传，谁负责对外联系，谁负责组织发言或节目，谁负责布置会场，谁做主持人等。班主任应该把那些空洞的大道理，都变成看得见摸得着的形象的现实。从学生的实际生活出发，尝试捕捉学生中的兴奋点，这样才能因势利导，感动他身边的人。如果能打破常规，不仅形式会变得活泼，而且会产生独特的教育效果。例如，爱国主义教育，通常总是想方设法引导学生发现祖国的强盛、家乡的美好，为什么不可以让学生们去寻找祖国历史上耻辱的痕迹？让学生在地大物博的优势中思考一下人口众多、人均占有量不足的“国忧”，这也同样可以激励学生发奋努力，振兴中华。班级活动是人素质形成的基础，在形成优秀班集体的过程中，必须开展丰富多彩的教育活动，让学生感受创新的过程，获得创新的体验，形成创新的精神，发展创新的能力。学生个体发展的不平衡，班级文化活动内容的单调，缺乏吸引力，班主任工作缺乏创造性等是影响学生创新的不利因素。

（二）设置多样化小组

活动设计面对每一个同学，班级活动不同于学校活动，每一个同学都有可能参与，如说班干部轮岗制，每个月进行一次班干部竞选，全体同学参与环保宣传活动等。在设计活动时，教师要充分考虑到班级情况，根据学生兴趣、特长给予分工，做到“人人有责任，人人都参与”。这样的活动不管学习好的、学习差的都能够体验到，完成任务后获得的好评和快乐，从而产生激发学生的自尊心和创造激情。由于学生的个性心理品质是创造性成果产生的发展条件，教师要十分尊重学生的人格，有意识地培养他们良好的个性，鼓励他们努力追求自己的目标，发展他们的兴趣，形成特长，如出黑板报，教师可以打破常规，四人一组，每周一期，全班同学人人有份，这样一学期每人都有表现自己的机会。同学们并不缺少关心班级的热情，缺少的只是机会，他们中有的人虽然字写不好，但因为自己参与了这个过程而对黑板报发生了兴趣，从中锻炼出许多小画家、小书法家、排版家等，他们不仅自己能办好报，也能认真地去读他人办的板报。积极向上的班集体活动可以创设民主、和谐、竞争、进取的班级氛围，有利于学生创新个性的培养，可以激发学生求异，敢于挑战的创新精神，我们要采取切实有效的方法，积极探索班级活动管理的新模式。设置多样化小组，让学生自主参加，按活动内容的不同，教师可以在班级建立了班务管理小组（板报小组、图书管理小组、卫生监督小组）、学习小组、各种课外兴趣小组等，每一个学生都可以加入一至几个小组，扮演各种角色，从计划的拟订，到工作的实施都由学生独立完成。为了使每个学生都有展示才能，获得成功的机会，教师应力求使每一个学生都能在班级管理中找到自己满意的位置，继而激发学生的自尊心和创造激情，长此以往，学生的创造性思维得到发展。为让学生饱尝“我能行”，教师可以采用了角色动态分配制，即采用轮换，轮值的方法，让每个学生都能参与班集体不同层次的管理，班级管理岗每周一轮换，并根据班级实际需要，设置多种管理角色，经常对学生在班级管理中的表现给予积极的评价，使学生从管理角色的变换中学会自我管理。在不同的角色体验中，学生创造性的思维碰撞增多，同时学生积极参与竞争，也能使其勇于挑战的个性品质得到锻炼。班级活动是激发学生兴趣和激情的原动力，每个学生都是班级的主人，人人都应有“班荣我荣，班耻我耻”的信念，事事都为班级考虑，班级活动为学生个性潜能的挖掘搭建了平台。开展了“值日班长”的活动，每个学生都有机会当班长，还可以提出今天你特别想让同学们做好哪一方面的事，下午放学前在班里总结一下一天的情况，表扬今天好的地方，对做得不够好的方面，指出努力的方向，这样既培养了学生的创新思维，又使学生感受到自己在班级中的地位和尊重。将学生的表现通过量化的形式展现出来，学生出谋划策，一条条评价办法既丰富又具体，每个学生参与其中，实现了自我发展。班集体的管理上实行班干部轮换制，变治为导，让学生根据班级的具体情况，创造性地开展工作。

(三)三位一体教育

三位一体是指学校、家庭、社会三者形成一个整体,互相促进。一个班主任老师要调动学校家庭社会三者的力量,让他们共同相互作用,服务于我们的学生。通过家长在课堂上讲解,做人的道理、工作心得、人生等等,不光让孩子和家长有了更多的沟通,还让孩子们学到了课本上没有的知识。我们可以更多的与家长进行沟通,深入地去了解孩子,让孩子在和谐的环境中成长。

(四)自我教育

由于我们国家的特殊国策,当前的儿童绝大多数是独生子女。快速的生活节奏带来的压力,再加上家里没有可以交流的伙伴,所以不少孩子怕当众讲话,与陌生人交往时常常感到恐惧。针对这些情况,教师要有目的地对他们进行"自信教育",使他们体会到:自信。可以使人正常释放出潜能,可以使人不怕挫折和失败,走向成功。教师可利用班会的时间,让每个学生走上讲台,进行"自我画像",要求他们用简短的几句话,突出自己的个性特点,但却要给人留下深刻印象。学生由最初的紧张局促,发展到多数学生可以用比较幽默的语言,勾勒出自己的特点和优势。在活动中我们对每个学生的发言,都报以微笑和掌声,给每个学生以善意的精神鼓励,帮助学生们树立了自立自强自信的精神。在商品经济大潮中,不少学生受社会因素的影响,程度不同地养成了大手大脚、铺张浪费的不良习惯。针对这一点,教师可以在班内开展"小小理财能手"的竞赛,要求每个学生建立一本记账本,详细记录每日零钱的花销情况,教育引导学生将省下的零钱,买一本图书放在图书角内供大家参阅,或捐献给困难同学,推动"爱心工程"的开展。通过这些活动,使学生们体会到相互交流的快乐,意识到勤俭节约是中华民族的传统美德。

(五)激发创新意识

进行系列讲座,让学生了解古今中外的科学家、发明家、文学家、艺术家发明创造的生动事迹,让学生明白发明创新就是"观察+思考+毅力"。

发挥图书资料的作用，图书资料是人类创造性工作的成果，利用信息媒介，任何发明和创新都离不开信息的积累。要重视学生对现代信息，现代创造各种信息的搜集和交流。让学生在学习实践交流中不断寻找突破，获得创新的体验，形成创新的精神，发展创新的能力，形成富有创新性的班集体。创意要新，主题班会内容与形式构思要多角度，富有时代感。由于每个班级的班情不同，因此在内容的选择上、形式的表现上要“量体裁衣”。开好主题班会最重要的是要有创新意识，讲究内容的丰富性与形式的多样性紧密结合，也可充分利用现代化的教学手段，既可培养学生的情感，又可增强学生的科技意识，培养他们的动手能力，使教育入脑、入心。

（六）训练创新思维

“智力游戏”竞赛，这种活动形式较生动活泼，可训练学生聚合性思维，通常采用猜谜、成语接龙、下棋、解智力题等形式，体现了“玩就是学，学就是玩”的原则。“闪光智慧”活动，意在训练学生的扩散性思维，通常班主任组织学生就某一个典型问题进行思考，出谋划策。加强体育性项目活动动作的完成、技能的掌握，其间是经过一个创造性思维过程的。组织小歌手、小画家比赛，在提高陶冶情操的同时也能活跃右脑开展班集体的各项活动，让他们在活动中尽情地发挥自己的聪明才智，在动手动脑，创新求异中迸发出新的智慧火花。在定期出黑板报、作文园地，管理图书柜以及在班级净化、美化、知识化的过程中，突出学生的主体作用。另外，学生在文艺活动、体育活动、科技活动，以及班级的各项评比竞赛活动中，也注重尽量让学生自己出点子，自己干活，以培养其自主意识和创新意识，增强其独立意识和责任感。成立兴趣小组，兴趣小组活动能让有特长的学生发挥一技之长，最大限度地调动学生的积极性，提供良好的适合学生创新精神培养的环境。创造性是每位学生都具有的，关键是要创设一个具有创造性的活动环境，以激发学生的创造意识。班主任每次和学生设计、安排活动，要充分发挥学生的聪明才智，坚持方法、手段多样化，活动内容丰富多彩，让学生充分展示他们的创造性思维和创造能力，使他们在文艺、科技、体育等不同领域内通过实践受到锻炼，提高活动的育人效能。促使同学们在动脑的基础上动手实践，为他们提供一个展示自我的机会，让他们获得成功的乐趣，挖掘了自身的创造才能。创造性首先表现在内容上，我们要随着形势的发展，处理好继承和创造的关系，在实施中根据需要调整充实，以培养科学意识、培养创造能力的目的。创造性还表现在形式上，班主任应学习电视、电影中的新鲜形式。一些成功的形式易于模仿，像论辩、演讲、综艺、学科智力竞赛等，班主任要做有心人，要善于学习。众多的优秀班主任，从整体设计到细节安排，我们均可借鉴，鼓励学生进行创造。班级活动学生是主体，他们有时会有很好的创造，学生的积极参与和创造，会使班级活动充满生气。

（七）班级心理辅导

通过班级内的人际交互作用，促进个体在交往中通过观察、学习、体验，认识自我、探讨自我，调整与改善与他人的关系，学习新的态度与行为方式，可以提高学生的心理健康水平，优化心理品质，增强心理能力。教育活动是以学生活动为主，体现的是学生情感活动的轨迹。和孩子们打交道，班主任的心态就像孩子一样年轻。必须要调整自己的心态，让自己和孩子一起成长，去关心和考虑他们的生活，把班主任工作看作是一项快乐的育苗工作。在活动中，老师极力创造出一种和谐的氛围，让学生积极参与活动，真诚地和学生沟通，使学生说出自己的心里话。活动能够以学生年龄特点为主线，坚持平等和谐的原则，突出了学生的主体作用，在活动中，力求让学生多活动、多感悟，从而把活动中所获取的情感体验，指导实践。学校的教育应培养自信的人，在孩子们走出校园以后，应是一个对社会有用的人。如果我成绩不好，我可以在另一方面做得最棒，让每一个孩子昂起头做人，充满自信地面对人生。教师应以以正确、积极、乐观的生活态度和人生观去影响学生，让他们走得更远，当情绪不好时，总有一个朋友在随时、随处的激励着学生。教师应有意识地培养学生在生活中捕捉灵感，进行提炼升华，这正是培养学生的思维敏捷性品质，班级主题活动的构思和设计有的是来自于灵感。有的是从电视中得来，也有的从学生谈吐中得来，还有的是自己或学生亲历的小事中得来。班级活动是以学生为主体，没有活动就没有健全的班集体，就没有学生素质的持续发展。班级活动需要创新，让学生愿意参加班级活动，这样才能增强班级的凝聚力。

案例

团结合作才能成功

1.活动目的

(1)以“合作精神”为主线，通过表演不同的活动内容，让学生充分体验到合作的重要性。

(2)帮助学生树立正确的人际协作意识，提高学生的社会适应能力。

(3)消除以自我为中心的错误心理，形成互助高尚情操。

2.活动准备

板书班会主题，筷子1把、空瓶6个、用线拴着的粉笔头24个、毛巾3条，绑带6根，球6个，进行课本剧表演。

3.活动过程

(1)激发兴趣，导入活动主题。①两位主持人介绍自己，并且宣布主题《合作才能成功》开始。②两位主持人列举班级入学以来取得的一些成绩，同时强调这所有的成功都与大家的团结合作分不开。

(2)认识合作。①学生初步说说自己对团结合作的理解，说说为什么要团结合作。推荐大力士做折筷子游戏，学生谈感受。“一根筷子轻易折，一把筷子折不断”，这就是团结的力量。②玩游戏——《紧急逃生》。介绍游戏规则：每一个小组前面都有一个空瓶子，这个瓶子代表一座“已经着火的房子”，里面用线拴着的粉笔头，代表“在房里还没出来的你自己“，用最快的速度从火场顺利逃生。每个小组派四个学生玩游戏。没有脱险的小组，分析原因，顺利脱险的小组，说说怎样做的。小结：越是在有危难的时候，我们就越应该团结起来，相互合作。

(3)体验合作。①激起合作欲望：你能合作吗？点击一下课件，大屏幕显示：要积极参与活动，服从安排，互相配合，并努力地按要求去做。要欣赏别人优点，包容别人缺点，善于鼓励同伴。要取人之长，补己之短，虚心接受帮助，才能把一件事情做成功。经过亲身体验，学生谈合作时最重要的是什么(服从安排，互相配合)。②学生谈谈班级团队精神与合作意识在哪些方面还不够？我们应该怎样改进？③班主任老师小结：人在集体中，力量才会更大。④主持人宣布活动结束。

思考题：

[1]班级活动的主要内容有哪几方面？

[2]班级活动的基本原则是哪些？

[3]班级活动的实施办法具体是哪几步？

[4]如何创新性开展班级活动？

第八章　班集体日常管理常抓不懈

第一节　班集体日常管理的目标

一、学生日常生活能力的培养途径

中小学生必备的日常生活能力主要包括“学习自理能力、生活自理能力、劳动自理能力”三个方面，培养学生日常生活能力可以通过以下途径：

（一）自我服务意识

自理能力是指学生运用各种方法解决所遇问题的能力，既包括日常生活中的自我服务能力，也包括在游戏、学习和交往过程中自我决策、自我调整和自己解决困难的能力。个人事务自理能力的形成，有助于培养学生的责任感、自信心及处理问题的能力。在生活中，很多事情都可以让学生自己去决策，自己去做，例如进餐、选衣服、分配看电视和玩玩具的时间、收拾房间等。在做中，学生自己去思考、去体验，家长可以成为其把关者。自己处理自己的事，它需要成为孩子的一种习惯。因此，家长除了让他们体会到其中的快乐，愿意坚持以外，更要让他们知道自己的事应该自己做，不是帮家长做。如果孩子不愿意自己做的时候，要让孩子明白以前家长帮他做的事情，现在该他自己做了。

（二）学生规范制约

让学生学习、熟悉《中学生日常行为规范》和《中学生守则》，并以此规范自己的日常言行。还可让学生列举自己的日常言行中违反学校规定的方面，并简述违反的原因，以便从根本上更好的改正。通过制定自理能力目标，让学生知道“做什么”“怎么做”，增强学生的自我约束意识，克服随意性和盲目性[①]，在日常学习和生活中严于律己，树立个人良好的形象。请家长配合督促学生，并将学校的常规、学习、劳动等教育向家庭延伸，要求学生每天按时起床睡觉，文明礼貌，在家认真复习功课，学会洗衣服，帮助父母扫地、倒垃圾，养成尊老敬老的美德等。

（三）榜样带头模范

1.教师言传身教

“以身作则”向来是最好的教育方式。教师以身作则，言传身教，以规范的言行和高尚的人格习惯直接熏陶学生，学生亲其师信其道。教师也要掌握教育技巧，让学生适应集体生活，形成习惯养成教育。

2.家长示范激励

家长首先要乐于助人，积极参加各种社会公益劳动。每天早饭前，父亲打扫客厅和卫生间，母亲打扫卧室和厨房，定期打扫门外与邻居共有空间的公共卫生，同时也应督促孩子整理自己的卧室和书桌。家长应鼓励孩子从身边的点滴小事做起，孩子只有更多的参与到个人事务的处理过程中，才能发展他们的个人事务自理能力。家长可通过做一半留一半，留个步骤让孩子主动配合，这是逐步训练孩子自己洗衣服、整理书桌、收拾房间的最好办法，因为你做的一半也为孩子做另一半做了示范。家长应给孩子安排一个进度表，一样一样地学，积少成多，让孩子逐步独立学会自己的事情自己做，在孩子遇到困难的时候应给予适当的方法引导。当他尝试的时候，鼓励他，当他苦恼的时候帮助他，家长不要因为孩子做得不好而表露出不满意或不放心，这样容易挫伤孩子劳动的积极性。家长要用欣赏的眼光看待孩子的劳动，对孩子劳动的成果要予以肯定，这让孩子在劳动中不仅体验到劳动的艰辛，也要体验劳动带来的成就感。

3.同学参照模范

在学生中间，可定期树立良好榜样，让其他学生参照对比，时刻纠正

---

① 王金龙.如何培养及提高小学生的自理能力[J].新课程，2012，2：84.

自己的一言一行。利用班会课、开学典礼等活动，以自理能力强学生的亲身交流，让其他学生学习和模仿。

（四）设计活动训练

主要利用每周主题班会等活动，各种实践活动在老师的精心设计指导下，集知识性、趣味性、思想性、可操作性为一体。以兴趣促实践、以效果促习惯，感兴趣学生就会积极去做，在实践过程中暴露若干不良习惯教师应及时给予修正。教师可组织学生亲自参与整理书包、叠被、洗衣等一些实践活动，让学生在实践中动脑动手，通过具体指导—反复训练—督促检查—行为评价等步骤①，用学生取得的成功鼓励学生继续努力，以达到培养及提高学生自理能力的目的。

（五）综合评价激励

建立发展性评价机制，采取自评、互评、师评、家长评等办法，对学生的自理能力进行分项评价和综合评价。每学期班级都要评选“学习自理能手”、“生活自理能手”、“劳动自理能手”，激励学生自觉养成自理能力。

二、建立和谐人际关系的方法

良好的班级人际关系有助于促进教师与学生之间、学生与学生之间的密切交流和合作，形成一种平等、互助、探究的学习氛围，有助于同学们找到班集体的归属感。组织多样化的班级集体活动，促进思想与感情的接近、沟通与理解，加强团结。我们需要建立的是平等、团结、互助、共同进步的人际关系，其最基本的准则是尊重人、关心人、爱护人。

（一）多与同伴交往

现今社会，学生中独生子女占绝大多数，大多数养成了唯我独尊的脾气，一旦离开家庭这把保护伞，则表现为以自我为中心的极端利己主义思想。成人们出于安全的考虑，大都把孩子关在家中，即使是邻居，孩子间

---

① 王金龙.如何培养及提高小学生的自理能力[J].新课程，2012，2：84.

也互不往来，还谈何人际交往呢？教师应该引导学生，让他们拥有一个比较固定的伙伴群体，给他们交往的空间和自由。班级是由学生构成的团体，学生之间的关系对他们思想品德的发展及学习活动的影响也是很重要的。良好的同学关系是团结、互助的，这种关系一方面靠同学之间的交往，同时也需要教师的调节。若是教师不能妥善处理学生之间发生的各种问题，维持一个良好的班集体是不可能的。

（二）多与父母和老师交往

学生都善于模仿，他们随时随处都在关注大人们的一言一行，并试着去尝试，因此，教师必须规范自己的言行举止。良好师生关系的双方，教师是起主导作用的方面，教师的活动决定着师生关系的性质。教师对师生关系的调节，主要体现在活动的协作和情感的交流两个方面。教学活动中体现为教与学、指导与被指导的关系，教师若以渊博的知识和精辟的讲解满足了学生的求知欲，学生则会以集中的注意、活跃的思考及积极的学习态度，配合教师的活动。这样不但活动能顺利进行，学生也能在这种活动中得到较大的收益，故处理好师生的关系，是教师工作的基本条件。

（三）多与社会大众交往

通过形式多样的活动，如口语交际、辩论、主题班会、参观、访问、社会调查等，让学生体验生活，学会与他人相处。

（四）尊重、关心与称赞

人与人之间的关系应该是彼此互相理解、互相尊重，不要随便揭别人短处，说难听的话给别人听。遇到同学有困难需要帮助时，鼓励其他学生主动伸手，这可以结交更多的朋友。保持和谐的人际关系，当学习中出现困难时，就会有同学和教师伸出援助之手，学习才能专心致志。称赞他人也是增进同学之间的友情的一种方式，学生从小就应该学会关注他人、发现他人长处的本领，对他人特长或成绩给予实事求是的评价和鼓励。

（五）引导性的表扬小事

每当干重活时，教师可以让男生去帮助，女生会为班上的男生而感到自豪；学习上女生成绩较好，教师可以让女生去辅导男生，同学们享受到了互帮互助的好处，班级就会形成一股凝聚力。只要看到或听到有学生为班级、为同学做好事，无论大小，随时随地给予表扬。主动捡起掉在地上的一本书，自觉为班级扛一桶水，课间为同学开一扇窗通风，教师都应向他投去赞许的目光，一句夸奖的话，能激发他向善的心。因为在学生心目中，老师的表扬是对他最大的认可，能推动学生互帮互助。

（六）角色互换分析

角色扮演法就是在心理上扮演对方的角色，站在对方的立场上去认识问题，体验原来体验不到的某种切身感受。进行心理换位，有利于建立良好的人际关系，有利于学生健康地成长，有利于更好地提高他们的学习成绩，也能有效地避免各种矛盾的发生，即使有了矛盾，也会很快解决。班主任在平时工作中应经常强调[①]，想想如果自己处在对方的位置上将会怎样办，在紧张的学习生活之余，大家不妨主动地找同学谈谈心，讨论某些问题，交换一些意见，这些都可以加深对对方的了解和信任。学会做一个会听话的人，会说话的人，使人人都愿意和你说话，也愿意听你说话。

（七）克制不良偏见

进行心理换位，有助于增强理智，克制不良情绪。班主任在平时的班会上，应经常告诫学生发生矛盾的危害性。一旦发生矛盾，应首先进行心理换位思考，增强理智，对暴躁、易怒的危害性要有足够的认识，要学会克制自己的怒气。[②]当自己被人误解、被人不公平评价时，滋生怨恨情绪在所难免，当一个人长期处于不良情绪时，他的记忆力就会明显下降，并严重影响身心健康。消除自己怨恨情绪的第一步是正视自己的怨恨，当发觉自己的情绪激动起来时，可以有意识地转移话题或做点别的事情来分

① 陈平.浅论班集体建设的理论与实践[J].卫生职业教育，2006，10:82.

② 陈平.浅论班集体建设的理论与实践[J].卫生职业教育，2006，10:82.

散自己的注意力，把思想感情转移到其他活动上。有时要有宽容谦让的精神，可暂时离开争执的场所，待双方心平气和后，再来协商解决问题的方法。刻板现象是普遍存在的，定势是非常片面有害的，在现实生活中，由于受诸主客观条件的限制，人们在看待别人时，往往对别人的行为作出错误的归因判断。

三、养成团队合作精神的要求

（一）建立强有力班集体

班干部是班级的核心，是班主任的得力助手，是全班同学团结合作的带头人，工作中要坚持公平公正的原则，这样才能在班级中树立威信。教师要制定一套与本班成员发展特点和文化相适应的班规，营造出一种团结合作、协作、进取的班级文化精神。可设置学生作品栏和荣誉栏，定期出好班级黑板报。让学生生活有一种家的感觉。班主任要发展同学间友爱互助精神，促进班级形成良好班风、学风。在管理中充分运用激励手段，例如给学生地位激励（班干部、小组长等），通过集体目标任务的约束来激励个体反应，培养其团体意识。[①]教师应提出了“班荣我荣，班损我损”的口号，打造班级的团队合作精神。

（二）沟通合作交往

班主任应当对每个学生的个性了如指掌，因人而异地及时进行个别教育与指导，促使学生通过交往，陶冶性格与情感。只有激发学生交往欲望，在交往中积累成败的经验教训，才能引导学生发现问题并锻炼解决问题的能力。[②]不论你做出了多么优秀的工作，不会表达，不能让更多的人去理解和分享，那就几乎等于白做。现代社会是个开放的社会，好想法、好建议要尽快沟通，让别人了解、让上级采纳，为团队作贡献，所以要抓住一切机会，积极表达自己对各种事物的看法和意见。班主任要善于发现问题，积极采取措施，及时有效沟通，说服学生必须以有利于学习为原则，

① 杨学调.浅谈学生团队意识的培养[J].中国科教创新导刊，2012，7:242.

② 吴立德.班集体建设与学生个性发展[J].人民教育，2006，3：30.

达到相互理解。还要教会学生之间沟通的技巧，以达到集体自主调节，消除私心杂念，多设身处地替对方想想，团队的个体之间就会达成一种默契，学习、工作的效率自然就提高。[①]学生交往应以交友为目的，耐心听取并领悟对方意图，遇有不同见解要容忍并做到以理服人，要善于对话而不是自以为是等，在班集体活动的实践中培养交往能力与合作精神。[②]

今天的事业是集体的事业，今天的竞争是集体的竞争，成功的潜在危机是忽视了与人合作或不会与人合作。有些人的动手能力强，点子也不错，就是不知如何求同存异；有的团队成员谈到自己的同事时，缺乏客观看待事情的品质；有的团队成员有优越感，更不容易做到宽容待人和与人合作；有的团队成员家庭有问题，对周围的人缺少信任；有的团队成员，在团队中是业务骨干、技术能手，不懂得尊重和迁就别人。实际上，团队中的每个人各有长处和不足，能够在平常之中发现对方的美，而不是挑他的毛病，这需要我们在日常生活中，培养良好的与人相处的心态。任何一个人的差错都会使整个团队的工作进度受拖延，个别人的偷懒、散漫行为，会影响团队士气，他的掉队就是落集体的后退，集体落后了，再优秀的个体也不会有成功感，必须以团队纪律约束个人行为。团队精神不反对个性张扬，但个性必须与团队的行动需一致，要有整体意识、全局观念。团队成员要互相帮助，互相配合，为集体的目标而共同努力。建设一个优秀班集体，就不能只考虑自己的需要而不关注别人的感受，使学生形成“班荣我荣，组耻我耻”的观念，强化组员间的交流、合作，促进共同进步。

（三）互助型学习

从个性社会化去考察，应从重点培养竞争能力转化为重点培养合作精神，在小组中，人人都是学习的主体，要培养组员的责任感和合作精神，教师要根据学习内容的不同、学生的特长、个性差异等进行合理分工。教师要向学生提出本次活动的内容和要求，让他们知道要做什么，怎么做，明确各自责任，明白“分工不等于分家”。要求小组成员既要积极承担个

① 杨学调.浅谈学生团队意识的培养[J].中国科教创新导刊，2012，7:242.

② 吴立德.班集体建设与学生个性发展[J].人民教育，2006，3:30.

人责任，又要相互配合，发挥团队精神。教师要创造机会鼓励学生讨论，让学生勇于发表意见，在讨论中合作学习。学生的讨论可以合作伙伴内讨论，也可以合作伙伴之间的讨论，还可以师生讨论。可通过组内自评、组间互评的方式评出合作意识好、团队精神强的小组，由班级进行精神或物质奖励。教师在要求小组汇报时，应改为"哪个小组愿意来说一说"，对学生的鼓励也应变为"这个小组的意见真好"，"这个小组表现非常出色"等。为保护学困生的积极性，还可根据其进步情况给全组加分。遇事不斤斤计较，宽容豁达，在学习中互相支持和帮助，使用不同的解题方法并相互交流心得。促进学生之间在学习活动社交等方面的互助互补，班主任可以在班集体设立小老师，帮助学习和行为上有困难的学生。让学生在活动中感受到来自集体中的温暖，使学生学会与他人交往与合作。①

第二节　班集体日常管理的重点

一、安全与规范指导

抓好中小学生的安全保护工作，是做好基础教育工作的前提条件。学校、家庭、学生都要有强烈的安全意识，重视对学生进行经常性的安全教育及自我保护教育。中学生一定要多学习一些有关安全教育方面的常识，多掌握一些安全方面的知识和逃生的技能，才能减少意外伤害的发生。

1.过路交通规范

(1)通过有交通信号控制的人行道，应做到红灯停，绿灯行；通过没有交通信号控制的人行道，要左顾右盼，注意来往车辆，不准追逐、奔跑。

(2)没有行人横道的，须直行通过，不准在车辆临近时突然横穿；有人行天桥或地道的，须走人行过街天桥或地道。

(3)要远离公路、避开变压器、高压电线；不要攀爬电杆、屋顶、高墙。不准爬越马路边和路中的护栏、隔离栏，不准在道路上扒车、追车、强行拦

① 王莉.从三个关系维度入手构建和谐班集体[J].小学时代：教师，2009，6：65.

车或抛物击车。

(4)顺风不骑快车,逆风不低头猛踏,雾天控制车速,冰雪天把稳自行车方向,雨天防止行人乱穿。

(5)乘公交时,头、手等身体部位不能伸出窗外,要管好身边物品,防止扒窃。

(6)遇到交通事故,及时报警,求助"122",同时可拨打120急救中心求助。

2.校、家防火规范

(1)禁止学生携带烟花、爆竹、砸炮、火柴等易燃易爆物品进校。

(2)实验用的易燃易爆物品,要有专门库房存放,随用随领。

(3)注意经常检查电器设备的安装使用情况,用完后要切断电源。

(4)安全使用炉火,炉体周围应有防护或离开可燃物0.5米以上。

(5)使用液化气时,要有人看管,随时注意调节火头的大小,防止汤水外溢浇灭焰或被风吹灭火焰,引起跑气。

(6)若火灾已无法控制时,则应立即拨打119火警电话,求得救援。

3.安全用电规范

(1)认识了解电源总开关,学会在紧急情况下关断总电源。

(2)不用手或导电物(如铁丝、钉子、别针等金属制品)去接触、探试电源插座内部。

(3)不用湿手触摸电器,不用湿布擦拭电器。

(4)电器使用完毕后应拔掉电源插头;插拔电源插头时不要用力拉拽电线,以防止电线的绝缘层受损造成触电;电线的绝缘皮剥落,要及时更换新线或者用绝缘胶布包好。

(5)发现有人触电要设法及时关断电源;或者用干燥的木棍等物将触电者与带电的电器分开,不要用手去直接救人;年龄小的同学遇到这种情况,应呼喊成年人相助,不要自己处理。

(6)不随意拆卸、安装电源线路、插座、插头等。哪怕安装灯泡等简单的事情,也要先关断电源,并在家长的指导下进行。

4.上网交友规范

(1)每次在计算机屏幕前工作不要超过1小时。

(2)眼睛不要离屏幕太近,坐姿要端正。

(3)不要随意在网上购物。

(4)不要说出自己的真实姓名和地址、电话号码、学校名称、密友等信息。

(5)不与网友会面,如非见面不可,最好家人陪同并去人多的地方。

5.饮食卫生规范

(1)不买不吃不新鲜和腐烂变质的食品。

(2)不吃被卫生部门禁止上市的海产品。

(3)不生吃海鲜、河鲜、肉类等。

(4)不买无证摊贩处食品。

(5)不买无商标或无出厂日期、无生产单位、无保质期等标签不完整的食品。

(6)不吃有毒食品(如河豚、野生蘑菇、生的四季豆、发芽土豆等)。

(7)不食昆虫类动物污染过的食品。

(8)不喝未经消毒、煮沸的水,不喝存放时间过长的、过时的纯净水。

(9)养成良好的个人卫生习惯,饮食前做到勤洗手。

6.传染病防治规范

(1)经常开窗通风,保持室内空气新鲜。

(2)搞好环境卫生,保持室内和周围环境清洁。

(3)保持良好的生活习惯,不要随地吐痰,多喝水、不吸烟、不酗酒。

(4)经常锻炼身体,保持均衡饮食,注意劳逸结合,提高自身抗病能力。

(5)要根据天气变化适时增减衣服,避免着凉。

(6)如果有发热、咳嗽等症状,应及时到医院检查治疗。

(7)要进行免疫预防,流行季节前进行相应的预防接种,如流感、肺炎、麻疹、流脑等疫苗。

(8)在传染病发病期间,不要到人多拥挤的公共场所去。

7.校园活动规范

(1)教室置放了许多桌椅,所以不应在教室中追逐、打闹和游戏,防止磕碰受伤。

(2)在校园里不追打嬉闹,防止摔倒受伤;需要登高打扫卫生、取放物品时，要请他人加以保护。

(3)不要将身体探出阳台或者窗外，谨防不慎发生坠楼的危险。

(4)教室的门、窗户在开关时容易压到手，要轻轻地开关门窗，还要先留意不会夹到他人的手。

(5)不带锥、刀、剪等锋利、尖锐的工具，图钉、大头针等文具，使用时必须有老师指导。

(6)课间活动应当尽量在室外，但不要远离教室，以免耽误下面的课程。

(7)活动的强度要适当，不能做剧烈的活动，以保证继续上课时不疲劳、精神集中。

(8)学生在任何时候都不能私自或协同伙伴到野外不明水域游泳。

二、品德指导

根据《中小学生日常行为规范》、《公民道德建设实施纲要》和"八荣八耻"为主要内容的社会主义荣辱观中提出的要求，去培养中学生的荣辱观和爱国精神、团结拼搏精神、无私奉献精神。[①]要正确处理集体教育与个体指导的关系；教育与自我教育的关系；严格管理与耐心疏导的关系；学校教育与家庭、社会教育的关系。[②]德育途径，主要包括思想品德和思想政治课，其他各学科教育、三育人(教书育人、管理育人、服务育人)、班主任工作、党团组织活动和学生会工作、劳动与社会实践、课外活动、校外教育、校园文化建设、心理咨询、家庭与社会教育等。

1.德育活动

培养良好的思想品德，学校需要在行为上指导学生从事一些有益的道德活动，使道德认识通过实践在学生的观念中巩固下来。将消防队、博物馆、烈士陵园、福利院、城市、农村等机构列为学生社会实践活动基地，可开展征文、演讲、知识竞赛、社会调查等活动，让学生实地去参观学习，养成基本的道德品质。

① 张炳前.当代中学生思想品德教育问题及对策[J].甘肃科技纵横，2007，1:138.

② 刘立华.当前中小学德育工作的问题与对策[J].中国电力教育，2010，22:164.

2.校园文化育人

学校文化是学生思想道德生长的土壤,外显的文化环境,如庄严的升国旗仪式,校园广播站、校园网、橱窗、板报和文化长廊、广告牌、标语牌,是学生思想道德形成的养料。[①]教师要通过学生报刊、学校宣传栏、校园网等开展德育宣传活动,规范大众媒体和网络,不定期地宣传学校德育工作;内隐的精神追求,如校长的办学理念、师生的共同愿景、学校制度与规范、校风班风和学风以及和谐的师生人际环境等,教师要充分利用学校特点,以良好的校园育人资源和文化环境,强化思想品德教育氛围,努力做到“环境育人”。

3.学科渗透德育

德育要求应体现于教师备课、上课、辅导、学业成绩检查与评定等各个环节中,要注重情感、态度、价值观的培养[②],思想品德课、班会、周会、综合实践课等课程的设置,都是教师向中小学生进行品德教育的有力手段。在思想品德课上,通过各种活动和人的道德行为的学习,使学生的道德认识、道德情感和道德行为逐渐统一起来,形成良好的行为习惯;语文课可以结合教材进行爱国主义教育、革命传统教育、日常行为教育;体育课通过课堂教学、早操、课间操、课外体育活动比赛等,进行集体主义、团结协作教育;信息技术课可培养学生良好的网络道德;历史和地理课可对学生进行爱国主义教育。

4.言传身教

从中小学生的年龄特点和心理特征来看,自我意识和自我控制力差。在思想品德上有意无意犯错误在所难免,教师和家长发现后,要循循善诱,用爱心、恒心、细心去关心他们,要让孩子们改过自新,自觉规范和提升思想道德水平。[③]教师要调动学生的积极性、主动性、创造性,引导学生全员、全程、有效参与,在培养学生健康人格的同时,有效地促进各种良好习惯的养成。教师的言行举止对学生的影响超过家长和学生之间的影响,先要检查和规范自己的一言一行,真正做到言传身教。我们要以古往

① 陈光培.中小学生思想道德教育的思考[J].中国教育学刊,2006,1:22.

② 傅岩.当前中学生思想品德状况调查与分析[J].班主任,2008,7:10.

③ 杨小琴.对中小学生思想品德教育的思考[N].陇南日报,2010-5-3(5).

今来思想品德，先贤们的事迹来感化学生，谨言慎行，自觉维护和构建社会良好思想道德体系。[①]

5.自我反省与矫正

教师应使教育实现知行统一，努力把学生品德教育中的知识要求，转化为个人内在的道德发展需要。对于一个学生来说，在良好行为养成过程中，常常会因缺少恒心而反复。良好的行为习惯是在长期的学习和生活中，通过自我约束形成的，关键还要靠学生自我教育及同学们的监督。教师可让学生自己制定班级制度，这样每个学生既是班级制度的制定者又是执行者，将班级制度触及到学生日常生活的点滴之中。大多数班级的《卫生制度》、《纪律制度》、《学生操行评比制度》，就是学生自己制定并遵守的，教师可利用班会进行讨论，指出班级同学中哪些行为是有良好道德的表现，哪些行为是不道德的行为，让学生在自我反省中发现自己的长处与不足，懂得良好行为习惯的养成来源于自我控制，自觉地纠正了不良行为。

三、学习指导

(一)培养自学能力

自学是获取知识的主要途径，教师只是引路人，中小学生是学习的真正主体，学习中的大量问题，主要靠自己去解决。阅读是自学的一种主要形式，通过阅读教科书，可以独立领会知识，形成能力。教师要积极引导学生进行自主的、探究的和合作的学习，重视对学生的学法指导，使学生学会学习，学会选择。学习习惯是最为重要的，孩子良好习惯的养成需要成人的指导和帮助，父母平时的良好习惯会对孩子产生潜移默化的影响，学生要有学习的自觉性、主动性，要终身勤奋地学习。[②]教师可让学习成绩优异的学生走上讲台，介绍自己行之有效的学习方法和学习习惯，让每一个学生都意识到：学习靠聪明，也靠勤奋，但最主要的是靠养成好习惯。

---

① 杨小琴.对中小学生思想品德教育的思考[N].陇南日报，2010-5-3(5).

② 张爱菊.中小学生学习主体意识的培养[J].邢台学院学报，2007，12:94-95.

(二)制定学习计划

中小学生应有每天的学习计划:早读课的安排,自习课的安排,晚自习的安排;有周末学习计划:安排对一周学习内容的系统复习;有阶段性复习计划:为迎接阶段考试(期中、期末等),安排对相关学习内容进行系统复习。学习计划的制定应注意有效性、可行性,要体现各课学习的平衡,对较薄弱的可适当多给点时间,并安排在学习效率较高的时段。

(三)指导学习技能

教师要在方法和技能上指导学生,这一方面可以使学生在较少的时间内掌握较多的知识,另一方面可以使学生在能力上得到训练。最重要的是教师要教会学生把握在校学习的几个基本环节:自我规划--课前预习—认真上课—课后复习—课外作业总结。必须要求学生对这几个环节不可疏忽、遗漏,一方面,促进其学业成绩提高;另一方面,促进其形成自我教育和独立学习的能力。教师应对于接受能力较强的学生,要侧重于帮助其总结并自觉运用学习方法,指导其通过教学之外的多种途径去学习。对于虽然学习态度认真,但方法不得要领的学生,应主要解决学习方法问题。对于智力较差,学习基础又不好的学生,应主要解决其兴趣、自信心和具体方法问题。对条件好的学生要激励他们珍惜优越条件,对条件差的学生要激励他们克服困难前进。[①]具体分以下几方面:

1.课前预习

对较差学科,建议做好预习,准备好课本、笔记本等,发现疑难,从而可以在课堂内重点解决。

2.课堂思考提问

上课坐姿端正,课上专心听讲可以少走弯路,不乱说乱动,积极思考,主动地回答老师提出的问题,要有根据、有条理。要把教师的思路、其他同学的思路与自己的思路进行对比分析,找出解决问题的最佳途径,并尽

① 许书明,欧阳明.让学生学会学习——略论中学生的学习方法指导[J].青岛教育学院学报,2000,9:35-36.

量多理解记忆一些东西。要鼓励学生带着知识疑点问老师，问同学，问家长，提问是主动学习的表现，遇到问题要互帮互学，展开讨论。每一个人都必须努力吸取别人的优点，弥补自己的不足。课堂笔记应记录三点：重点（重点知识、重要方法）；疑点（疑惑之处、易错之处）；多记模型、思维方法，少记题目。

3.测试、反思错题

作业要字体端正，纸面清洁，按时完成作业，做到独立、耐心。学会先复习后完成作业，先审题再解答的习惯。考试答题要细心、准确、书写规范。学生自主的“周周练”，应紧扣考纲，要针对考点进行有针对性的训练，不能搞题海战术。要养成题后总结反思的习惯，将不同的习题加以比较、归纳，找出同类问题的解题方法，成绩的提高是自己“悟”出来的。尽量多记忆一些有用的中间结论，要培养自己能从作业、考试中发现自己的错误，及时纠正的能力。习题做完之后要多层次反思：为什么想到这种方法？有无更好的方法？错解根源是什么？解答同类试题应注意哪些事项？及时补漏，将做错的题备注上错解原因，是属于知识缺陷，理解错误，还是一时疏忽看错了题，或是计算失误书写不当等，写清楚正确解法。平时要把有什么疑问或是弄错的地方，随手拿张纸记下，经常看会记住了才行，研究一下它们的解题技巧和办法。

4.课后复习归纳

做考试真题相对其他检测题来说，回报率是最高的，很多考题直接来源于教材，或者是由课本例题或课后习题改编而来的。因此，复习时要依据课本，搞好对基础知识的复习，而不能一味地钻入高考复习的各种资料中，发现自己还有哪些问题没有解决，哪些概念比较模糊，哪些规律的应用方法没有掌握，以便在老师讲解时重点突破。复习就是通过对知识，对解决问题的思路进行归纳整理，从而学生的知识系统化、重点化。复习必须及时，必须有计划的不间断地复习，每天尽量把当天的东西都复习一遍，每周再做总结，一章学完后再总的复习一下。对记忆性知识的复习，每一遍的用时不需多，但是反复的遍数要多，每章课后必须有小结归纳，抓住应掌握的重点和关键，对比理解易混淆的概念。学生应养成客观评价自己和他人，正确对待成功与挫折，正确对待考试分数的好习惯，评出自信,评出不足,不断反思。

四、健康指导

健康是指没有疾病或不虚弱,身体的、精神的健康和社会幸福的完美状态。包括三个方面的内容,即:①身体好,没有疾病,即生理健康;②心理平衡,始终保持良好的心理状态,即心理健康;③个人和社会相协调,即社会适应能力强。

(一)体育锻炼的重要性

1.生理上

(1)体育锻炼有利于人体骨骼、肌肉的生长,增强心肺功能,改善血液循环系统、呼吸系统、消化系统的机能状况,有利于人体的生长发育,提高抗病能力。

(2)减低儿童在成年后患上心脏病,高血压,糖尿病等疾病的机会。

(3)体育锻炼能提高神经系统对人体活动时错综复杂变化的判断能力,并及时做出协调、准确、迅速的反应。

2.心理上

(1)体育锻炼具有调节人体紧张情绪的作用,能恢复体力和精力。

(2)舒展身心,有助安眠及消除读书带来的压力。

(3)体育锻炼可以陶冶情操,从而提高自信心和价值观。

(4)体育锻炼中的集体项目与竞赛活动,可以培养人的团结、协作及集体主义精神。

(二)营造体育氛围

学校应充分运用各种媒体,广泛深入地开展"每天锻炼一小时,健康工作五十年,幸福生活一辈子"的宣传,并加强对学生体育价值观、社会责任感和集体荣誉感的教育,培养学生刻苦锻炼的精神。把学校体育教育的重点转向增强学生体质、身心教育方面,培养终身体育锻炼的习惯,充分利用现有的场地、设施、开展体育活动。可让学生携带方便自备的体育器材,例如:沙包、跳绳、毽子等。老师、家长要进一步更新观念,充分发挥学校体育在培养中小学生充满爱心、与人为善、严于律己、宽以待人、勇于奉献、敢于负责、积极进取、敬业乐群的良好品德和协作精神等方面的独特优势。

（三）针对性的运动与营养

对于耐力差的学生，可以采用相应的有氧运动处方从事运动锻炼，同时配以能量补充和体力恢复的营养处方等。对于力量、速度、爆发力差的学生，需要采用相应的力量训练处方，辅以蛋白和促合成制剂来增加肌肉和力量。对于超重或肥胖的学生可以采用相应的有氧运动并辅以力量训练处方进行体育活动，同时配合膳食调整和减少脂肪吸收的营养品。①

（四）心理健康教育

教师以理解和尊重学生为前提，缩短师生之间的心理距离，调动学生自我改变的积极性。师爱是打开学生心灵的钥匙，要注重师生之间的平等沟通，让学生“亲其师，信其道”。把教育的各种目标及社会化的内容，有效地转化为学生个体思想品质和行为规范，把心理健康教育的方法作为培养学生健全人格的重要手段。②根据中学生生理、心理及学习特点，定期进行心理健康调查，建立学生心理档案，只有这样，才能发现问题及时处理。中学心理健康课，主要是为学生营造良好的学习内环境，以培养学生良好的心理品质为主，辅以矫治个别心理障碍患者。心理辅导教师、班主任应起带头作用，各任课教师及学生家长应加以配合，形成学生心理健康教育的立体网络。心理素质培养应渗透于各科教学活动中、团队活动中、课外活动中及日常生活中，可采取小班讲授、大班讲座或出板报的形式③，学校可探索“个案研究”、“优点卡”、“心理自助手册”、《青少年文明养成手册》、“孝心导航”等校本教育措施的研究和使用，使学生在活动中经受磨炼，进行自我约束、自我调节、自我教育，如公益劳动、军训夏令营

---

① 杨则宜. 我国青少年学生体质的现状、问题与对策[J].中国运动医学杂志，2008，5:399.

② 李荣.当前中小学生心理问题产生的原因分析及对策[J].潍坊教育学院学报，2008，6:66.

③ 魏宏聚.中学生心理健康教育的必要性与对策[J].教育科学研究，1998，1:28.

活动、社会考察活动、春秋季运动会等都可培养学生良好的心理素质。只要有利于学生的心理健康，有利于学生的潜能开发，有利于学生的全面发展，都可以进行尝试。心理健康教育课是融知识、趣味、参与性和操作性为一体的课程，通过训练，提高学生的抗挫折能力和自我心理调节能力，减少心理问题的出现，力争使每个学生达到智力正常、情绪健康、意志健全、行为协调、人际关系适应的心理健康标准。[①]

案例

她增强了自制力

1.案例介绍

马某，女，14岁，安庆市某中学，初一(4)班学生。工作大胆泼辣，关心集体，但上课不大专心，爱讲话，性格为D型，情绪较稳定，自信心强，不大计较别人的评论，有一定的分析能力和组织能力。但好出头露面，驾驭人的欲望强，成绩在班上属中等水平。家长要求较高较严，孩子达不到要求便给予处罚，致使孩子从小就养成了说谎话的坏毛病。无论上正课还是自习，她都要管别人，老师课堂提问她很少能答出，上课若无人讲话，她自己就耐不住要讲。她当值日班干时，会肆无忌惮地到同学位置去打闹、逗笑，对老师和同学的批评听不进，常因此与老师同学顶撞，爱吹牛，在手册上涂改成绩骗取家长高兴。好出风头，为了引起全班同学的注意，她宁可迟到也要等同学们坐好了才进教室。

2.案例分析

自控力差，由于自己做不好却又要管人；上课不专心，学习效果差；自以为是班干，什么都比别人强，只有她批评人，别人不能批评她；虚荣心强，好表现。

3.案例应对策略及成效

---

① 李荣.当前中小学生心理问题产生的原因分析及对策[J].潍坊教育学院学报，2008，6：66.

(1)启发自我认识。要求别人做到的,自己要做到,否则永远不能服人。

(2)要求增强自律性。通过操行分评定使她意识到,自己与一个班干的要求已相差甚远。

(3)设置挫折。根据她承受力较强的性格特征,故在第二个学期一开学便进行民主选举班干,结果如事前预料的一样,她仅得一票,是前任班干唯一落选者。抓住这个机会在班上全面总结了她的工作,肯定成绩后着重指出不足,使她经受挫折的考验。

(4)家访。希望家长正确对待孩子,并有意让孩子知道教师与家长联系密切,防止其两头欺骗行为,慢慢纠正吹牛说谎的坏毛病。

(5)调整座位。把她的座位调整到最后一排与一位上课认真、学习好的同学同坐,减少她与同学讲话的机会。并让她多观察同座同学是怎样上课、学习的,找出自身不足。

经过反复做工作和本人的努力及家长的大力配合,马某的行为特征有了较大的转变,说话办事都能注意影响,上课能专心听课,举手发言。学习成绩有了较大的进步,与同学的关系也逐步好转,有事能主动与老师交谈。

五、个别教育

要创建一个优秀的班集体,班主任要重视个别教育。个别教育是集体教育的补充,是帮助学生树立正确的人生观价值观的好方法,也是衡量班主任是否关爱护学生的标尺,能使每个学生都得到全面有效的发展。

(一)针对学习

我们根据中小学生成绩与纪律好坏的不同成因来分,分可成三类:第一类是成绩基础较好,想干又干不好;第二类是甘居中游;第三类是成绩不稳定,忽上忽下。第一类学生重点是解决他们学习过程中的方法问题,提高效率;第二类学生着重激发他们对学习的兴趣,使他们爱学习;第三类学生班主任要多了解他们,当他们情绪高涨,态度积极时,要不失时机地鼓励他们向优等生行列发展,当他们情绪低落,态度消极时,要帮助他们克服困难。班主任要区别对待,采取不同的方式,对不同层次的学生应进行因材施教、分层教学。教学内容的选择上要变统一性为层次性;知识的巩固上要变一致性练习为分层练习;对不同的学生要提出不同的要求,进行不同程度的强化训练;在学习的指导上,根据不同学生的性格、学习习惯和基础,施行统一指导与个别指导相结合。力求做到评价角度的多元化,给每个学生成功的机会。在教学过程中可充分考虑到学生学习差异,教师可让优差生结成"一帮一"结对学习,既考虑了学生的个体差异,又注重了知识的传授。在课堂提问时,可对优等生提一些拓展性、创造性的问题,对差生可提一些基础性、概念性的问题,这样学生的积极性都能调动起来。

我们尊重学生个性,并不意味着对学生消极的个性品质、异常的个性心理放任自流,而应当积极引导,扬长避短。学生的学习成绩和纪律方面的表现,与他们的个性心理特点有密切的联系,而学生个性心理特点的形成,又都有来自家庭、学校和其他社会条件及自然基础方面的具体原因。在个别教育中,班主任应该注意场合、时间、地点和态度,特别是对于优等生的教育,优等生自尊心强,不要在大庭广众下批评,要进行民主平等地交流。班主任为了发扬学生关心集体的良好性格特征,可以让具有这种良好性格特征的学生担任班干部,协助自己搞好班级工作,对于不关心集体的学生,要分配他去做力所能及的班级工作,使他逐步形成关心集体的性格特征。教师对自卑的学生,要多用表扬的方法,以增强其信心。而对于骄傲的学生,对他进行批评时,不要伤害他的自尊心。对于不遵守纪律的学生,可以叫他担任检查纪律的工作,让其认识到自己必须遵守纪律。教师应提高区分正常与异常心态的鉴别能力,以理解和信任的态度,通过倾听、谈话、家访等形式帮助学生分析问题,制定措施,对学生的不良心理及时疏导。教师要及时了解学生的学习、生活、在家表现,多与学校所在的社区、心理诊疗所等加强联系,以促进学生个性的健康发展。

(二)针对后进生

后进生在家庭和学校得到的爱比普通学生更少,他们的心理受伤,以致产生一些特殊心理。首先,要消除后进生的退缩性行为,退缩性行为是由于后进生在学习上或品德上,长期表现不佳而产生焦虑、畏惧等情绪,因此班主任要给予他们更多的关爱,要给予他们更多的尊重与理解,激起他们对未来的信心。其次,要帮助后进生发挥长处,班主任要帮助后进生选择容易取胜的竞争目标,以增强自尊与自信。班主任要让他们有机会在各种活动中参与竞争,使之产生集体归属感,激发其上进心。[①]有些班主任当发现学生出现问题后,就对他们不停进行教育,但效果并不好,这就是因为在教育中不注意把握量。过多地重复使学生厌烦,产生逆反心理,后进生大多逆反心理强,追求个性,对他们的教育更是要抓住契机,适时、适量。在对于后进生的教育中,我们常发现会出现反复现象,后进生往往意志力薄弱,很容易发生动摇。因此,班主任要有足够的耐心、信心、不急不躁,要深入分析原因,做好反复教育工作,抓反复,反复抓。班主任要把工作做在学生出现反复之前,要做到提前预防,以减少学生反复的次数和反复的程度。

(三)针对留守学生

近年来,农村外出打工人员增加,留在家中的孩子也越来越多。他们少了亲情关爱,有强烈的孤独感,极易受外界负面影响,以致品德素质下降,产生逃学、打架、成绩滑坡等不良后果。作为教师必须了解他们的心理特点,有针对性地进行教育:针对他们胆小、沉默寡言、抑郁性格,学校及教师要把他们的冷暖,时时记在心间,到这些学生病了有人问候,成绩下滑有人帮助。针对他们孤僻怪异的性情,班主任及老师要与他们心与心相通,让他们倒出难言的隐痛。针对他们在思想及行为上的目中无人,蛮横任性的表现,学校及教师必须对其将礼仪教育同课堂的各学科教育结合起来,并渗透延伸到家庭教育及社会活动中。针对他们在爷爷奶奶

① 吴立德.班集体建设与学生个性发展[J].人民教育,2006,3:30.

庇护下养成的好逸恶劳的懒虫脾性，学校及教师要强化建议或强迫他们做力所能及的家务，或多组织他们参加有益的社会实践活动。对于优等生，班主任要坚持对于他们时刻提醒：天外有天，人外有人。举一些比他们更优秀的例子来刺激他们，让他们认识到自己的不足。

第三节　学生突发事件的应急处理

一、学生突发事件的主要类型

中小学生突发事件的主要原因有天灾人祸、外来干扰、人际关系冲突、违法行为、感情障碍、性格异常等，具体可分为以下几类：

（一）自然火灾类

1.自然灾害类

自然灾害类突发事件一般指如暴雨、冰雹、雷击、洪涝、泥石流、山体塌方、台风、海啸、地震、火灾等。自然灾害的类型多种多样，近年来，我国自然灾害发生的频率有所增加，几乎所有的自然灾害都有发生，给中小学带来了生命财产的损失。例如，2007年安徽天坛市龙卷风、淮河流域的洪涝灾害等自然灾害，共造成9名学生死亡和42名学生受伤。①

2.校园火灾类

加强教室、宿舍、食堂等学生长时间驻留地点的易燃物管理，配备完全的防火材料与灭火器，严格控制学生手中可能存在的易燃物品，如：火柴、打火机等，在人为因素上杜绝发生火灾的隐患。严格对学校照明、工业用电等用电线路的安全检查工作，禁止使用超大功率的电器设备，及时更换老化和破损的用电线路及设备，防止因电造成的火灾事故，夏季由于温度过高，空气干燥时也容易引起火灾。

① 戴恒屹．我国中小学突发事件及其管理研究[D].山东：曲阜师范大学，2009.

（二）交通安全类

1.车祸事故类

首先，提高学校对学生的交通安全知识的普及与提高，让学生在校内外时恪守交通规则，对于16岁以上的学生来说，自己驾车上学的安全性也应值得注意。其次，对有事外出或者放假时期的学校，要做好教育与记录，需外出的可由教师带领。例如，2005年10月7日凌晨5时50分，重庆市奉节县一无牌无证客货两用车在私自运送27名学生，返校途中发生重大交通事故，车辆翻坠40米下的高坡，造成奉节县吐祥中学、龙泉中学共5名学生死亡，3名重伤。

2.拥挤踩踏类

学校组织的校内外活动，如在大型体育比赛、文娱活动；学校的教学、生活设施质量不合格，主要集中在楼道、台阶、厕所、校门，校园内的栏杆、围墙、水泥地面等都可能出现的骚乱、踩踏。例如，2002年9月23日，内蒙古丰镇二中发生一起严重的校园安全事故，因楼梯栏杆倒塌且无灯，导致在黑暗中挤死21名学生、挤伤47名学生。借鉴有经验学校的做法，学校可有针对性的举行各种紧急撤离演习，防止出现危机事故时出现手忙脚乱的现象，同时应训练学生互帮互助。

（三）运动伤害类

1.体育事故类

跑、跳、投过程中的意外伤害，或因运动器械管理不善造成的伤害。体育活动中，学生踢足球踢坏眼睛，练习跳箱摔断胳臂，甚至突发疾病被夺去生命的意外事故，令人防不胜防。例如，2001年，广州市同和镇启明小学一名四年级女学生，在上体育课时突发心脏病，经抢救无效死亡；东山区某小学一男生把篮球打出了围墙，男生翻墙捡球，不幸摔伤手臂。

2.溺水事故类

溺水事故大多发生周末或假期内在水库、沟渠、河道等校外地点，学校希望学生远离危险的容易溺水的地点，同时家长应让学生在家，也能保证不出现私自外出而造成的溺水事故。

(四)公共卫生类

主要因传染病流行、食物中毒等,给学生、学校、家庭带来了不可弥补的伤害。食物中毒事件,夏季为多发季节,发生在学校食堂的占61.5%。中毒原因多为扁豆(四季豆、无筋豆)未炒熟、空心菜等易发虫害蔬菜农药残留超标、外购食品变质、购买无证摊贩有毒米粉,食堂条件差,个别投毒事件等原因。例如,2003年3月19日,茂名市技工学校学生,因吃了学校食堂的青菜、猪肉、面条、河粉、鸡粥、黄豆后,普遍出现肚痛、腹泻、头晕现象,先后有208名学生食物中毒。

(五)校内外暴力类

校园暴力是指从威胁或伤害他人的侵犯行为及大规模流血行为,抢劫、绑架、杀人、毒品等社会性侵害;欺骗和恐吓、群体暴力、勒索、诱拐等校园内暴力及其他各种方式的胁迫行为,威胁着中小学生的人身安全。校园暴力行为阻碍了学生们的发展和学习,并对学校的风气造成损害。例如,2008年3月14日在西藏拉萨发生的打砸抢烧事件中,位于小昭寺附近的拉萨二中就受到暴徒的冲击。[①]此外,学生之间玩耍打斗也易造成伤害。例如,徐某与蔡某是浙江温州市双屿镇双岙小学同班同学,1998年12月17日下午第2节课上,徐某与蔡某互做小动作,结果导致徐某受伤。经鉴定,徐某右眼穿孔伤,视力下降为0.3,属10级伤残。

(六)教师伤害类

因教师体罚或变相体罚学生造成的人身伤害。例如,2001年11月9日下午,自然课老师甘某对9岁男孩刘帅大骂:“笨得跟猪一样。”一边说“教你都教不会,”一边用左手在孩子的脸上连扇5下。然后翻开测试题,指着刘帅没有填写的一道题让他看,并又是3记耳光,导致刘帅耳膜穿孔。

① 戴恒屹. 我国中小学突发事件及其管理研究[D].山东:曲阜师范大学,2009.

二、妥善处理学生突发事件的策略

（一）校内果断分析

突发事件的发生经常是在人们不知情的情况下突然爆发的，学校管理者此刻必须保持冷静，认真分析当前形势。突发事件爆发的初始阶段，形势往往比较混乱，但却是控制事态进一步发展的最好机会。为了避免突发事件因事态蔓延而造成更大的损失，这一阶段的突发事件管理者必须审时度势、快速的做出决策，不能因犹豫不定、优柔寡断而丧失机会，针对突发事件类型以及级别的不同，需要采取不同的策略。[①]

偶发事件，一般都是在学生情绪波动，头脑发胀的情况下发生的。班主任在处理偶发事件时必须控制感情，要注意调查研究，了解事件发生原因，然后再审时度势采取灵活的教育方式。班主任要信任学生，尊重他们的人格，要善于依靠集体的力量，运用集体的舆论来处理偶发事件，并使全班同学从偶发事件中受到教育。

（二）校内配合应急

突发事件爆发后，教师应立即报告学校党政领导，学校管理者应及时到达现场，应停止其他工作活动和休息，调动学校内部与外部各方面的资源，共同投入到突发事件的处理上，增强师生战胜困难的信心。校领导要按照各自的任务和要求，组织所属工作人员、教师力量、党团骨干，展开清查人员、控制事态发展、开展自救互救、隔离围观人员、保护重点目标、现场疏导规劝，观察动态，及时掌握事件发展趋势。再开始调查事件起因及过程和目的，调查掌握事件的肇事人、涉及案件的主要人和事，分析判断平息事件的主要矛盾和主要工作，并对新的情况随时报告。学校各部门人员要具有高度的责任感，充分发挥团队协作精神，学校要解决完全有能力独立处理的、波及范围较小的突发性事件，关键是反应迅速，在最短时间内控制突发性事件，消除事件带来的不利影响。[②]

① 戴恒屹. 我国中小学突发事件及其管理研究[D].山东：曲阜师范大学，2009.

② 戴恒屹. 我国中小学突发事件及其管理研究[D].山东：曲阜师范大学，2009.

突发事件发生后，学校管理者要调动一切可以运用的资源（包括人力源、物资力资源、财力资源等）来控制突发事件蔓延，将事件带来的损失降低到最低限度。[①]

（三）求助相关部门

根据突发事件类型以及影响程度的不同，有时需要借助相关部门或专家前来处理解决。学校内发生的突发事件，有些远远超出了学校自身能力范围，如大面积的食物中毒、火灾等。学校就必须及时联系与之相关的部门或专家前来解决处理。[②]根据突发事件的严重程度应及时报告教育局以及政府有关部门和机构，请示统一指挥协调和依法处理事项，学校管理者可以通过电话等快捷的方式，向上级部门简单汇报突发事件的爆发情况，要说明学校采取的应对措施并提出援助要求。

（四）与家长及媒体善后

突发事件发生后应当在第一时间与学生家长沟通，对在事件发生过程中造成的师生伤残或死亡事件，学校领导及相关人员等应当及时探望病人及其亲属，除慰问外还要尽最大努力解决其所遇困难。在沟通过程中要主动告知学校所发生的事件，同时制定到校家长及亲属的接待方案，以赢得家长的信任。

在突发事件管理过程中要充分发挥媒体的积极作用，努力降低其负面作用。学校需要选择发言人代表学校向媒体说明具体情况，学校突发事件管理小组需要在学校内部发布一份相关的声明，简单介绍事件爆发的原因以及由之带来的损害，学校各部门及师生应当注意的问题，同时也要介绍学校的突发事件管理小组为应对此次突发事件而作的努力。声明既要实事求是，又要让教师和学生意识到学校突发管理小组已经采取了有效的措施，并且控制着事态的发展。突发事件爆发后，学校领导要观察突发事件的解决是否顺利，所造成的影响是否在减弱，并及时纠正学校日常管理中的不足，还要注意学校师生心理状态的变化，努力减轻事件给学

① 戴恒屹．我国中小学突发事件及其管理研究[D].山东：曲阜师范大学，2009.

② 戴恒屹．我国中小学突发事件及其管理研究[D].山东：曲阜师范大学，2009.

校教职员工与学生造成的不利影响，防止因为由于忽视某些问题而产生新不良事件发生。①

思考题：

[1]中小学生日常生活能力包含哪些方面？

[2]怎样培养学生的和谐、合作意识？

[3]中小学生安全规范有哪些方面内容？

[4]如何对学生德育指导？

[5]如何培养学生的自学能力？

[6]如何对学生身心健康指导？

[7]如何对不同类学生的针对性教育？

[8]学生突发事件类型有哪些？如何妥善处理？

① 戴恒屹．我国中小学突发事件及其管理研究[D].山东：曲阜师范大学，2009.

参考文献

[1]班华.现代德育论[M].合肥:安徽人民出版社,2001.

[2]彼得罗夫斯基,施巴林斯基.集体的社会心理学[M].卢盛忠,龚浩然,张世臣,译.北京:人民教育出版社,1984.

[3]蔡汀,王义高,祖晶.苏霍姆林斯基选集(第5卷)[M].北京:教育科学出版社,2001.

[4]陈琦,刘儒德.当代教育心理学[M].北京:北京师范大学出版社,2007.

[5]陈震.班主任新思维[M].南京:南京师范大学出版社,2005.

[6]丛立新.学校心理健康教育[M].北京:人民教育出版社,2006.

[7]邓庆尧.环境艺术设计[M].济南:山东美术出版社,1995.

[8]邓涛.新课程与教师素质发展[M].北京:北京出版社,2004.

[9]邓艳红.小学班级管理[M].上海:华东师范大学出版社,2010.

[10]樊富珉.团体咨询的理论与实践[M].北京:清华大学出版社,1996.

[11]傅建明,胡志奎.班级管理案例[M].广州:广东教育出版社,2009.

[12]郭毅.班级管理学[M].北京:人民教育出版社,2002.

[13]韩进之,吴福元.心理学原理和应用[M].上海:知识出版社,1985.

[14]黄富峰.道德思维论[M].北京:中国社会科学出版社,2003.

[15]黄正平,潘建,杨孝如.班集体问题诊断与建设方略[M].北京:教育科学出版社,2007.

[16]教育部体卫艺司.教育部关于2005年全国学生体质与健康调研结果公告[R].北京:教育部体卫艺司,2006.

[17]教育部体育卫生与艺术教育司.中国学生体质健康监测网络2004年监测报告[R].北京:高等教育出版社,2006.

[18]匡瑛.今天，我们怎样做班主任[M].上海：华东师范大学出版社，2006.

[19]来增祥，陆震纬.室内设计原理[M].北京：中国建筑工业出版社，2004.

[20]李伟胜.班级管理[M].上海：华东师范大学出版社，2010.

[21]李伟胜.班级管理新探索：建设新型班级[M].天津：天津教育出版社，2006.

[22]李学农.班级管理[M].北京：高等教育出版社，2004.

[23]李学农，陈震.初中班主任[M].南京：南京师范大学出版社，2007.

[24]李学农.中学班级文化建设[M].南京：南京师范大学出版社，1999.

[25]李镇西.做最好的班主任[M].桂林：漓江出版社，2008.

[26]林崇德.发展心理学[M].北京：人民教育出版社，1995.

[27]刘建军，朱喜坤.思想政治教育在应对突发事件中的作用[M].北京：中国人民大学出版社，2003.

[28]刘敬发.教学创新探索与实践[M].哈尔滨：黑龙江教育出版社，2001.

[29]刘晓明，张明.心理咨询的理论与技术[M].长春：东北师范大学出版社，2002.

[30]能廷凯.新课程改革[M].北京：人民教育出版社，2003.

[31]皮连生.教育心理学[M].上海：上海教育出版社，2004.

[32]舒达.中小学班主任工作手册[M].北京：开明出版社，2006.

[33]苏霍姆林斯基.给教师的一百条建议[M].杜殿坤，译.北京：教育科学出版社，2000.

[34]孙玉洁.中学班级管理理论与实务[M].哈尔滨：黑龙江人民出版社，2001.

[35]王坦.合作学习的理念与实施 [M].北京：中国人事出版社，2002.

[36]王一军，李伟平.班级活动设计与组织实施[M].北京：教育科学出版社，2007.

[37]王志国.怎样教育好孩子[M].长春：延边大学出版社，2007.

[38]文心.中小学心理健康教育指导全书[M].长春：吉林科学技术出版

社,1997.

[39]吴柳.素质教育理论与基础教育改革[M].桂林:广西师范大学出版社,1999.

[40]吴增强.中小学生心理教育[M].上海:上海教育出版社,1996.

[41]吴康宁.教育社会学[M].北京:人民教育出版社,1998.

[42]熊华生,李慧.班级管理智慧案例精选[M].上海:华东师范大学出版社,2011.

[43]杨颖秀.教育法学[M].北京:中央广播电视大学出版社,2004.

[44]姚本先,方双虎.学校心理健康教育导论[M].上海:东方出版中心,2002.

[45]约翰·桑切克.教育心理学(第2版)[M].周冠英,王学成,译.北京:世界图书出版公司北京公司,2007.

[46]赵海霞.班集体建设智慧与策略[M].长春:东北师范大学出版社,2010.

[47]郑立平.把班级还给学生——班集体建设与管理的创新艺术[M].北京:中国轻工业出版社,2012.

[48]郑日昌.小学生健康教育[M].北京:高等教育出版社,2004.

[49]钟启泉.班级管理论[M].上海:上海教育出版社,2001.

[50]钟志农.班主任心育活动设计36例[M].北京:教育科学出版社,2012.

[51]钟祖荣.学习指导的理论与实践[M].北京:教育科学出版社,2001.

[52]周鸿辉,马甫波.中小学班级管理策略集粹[M].杭州:浙江教育出版社,2005.

[53]朱小蔓.道德教育论丛[M].南京:南京师范大学出版社,2000.

[54]朱永新.新教育之梦[M].北京:人民教育出版社,1997.

[55]朱玉忠.影响班主任的100个经典管理案例[M].长春:北方妇女儿童出版社,2007.